afgeschreven

Fijne familie

Hugo Hoes
Fijne familie

Verhalen uit een groot gezin

2012 Amsterdam
Uitgeverij Thomas Rap

Voor Jacques en Riet

Inhoud

Debielland

Elke mogelijkheid om ons de deur uit te krijgen werd door vader met beide handen aangegrepen. Dat moest ook wel, want met acht kinderen in een twee-onder-een-kap was er altijd ruimtegebrek. Elf jaar scheelde ik met mijn oudste zus, en dat betekende in de praktijk dat er dagelijks sprake was van een onhoudbare situatie. Gelukkig wisten we niet beter en ging ik ervan uit dat het normaal was om in zo'n heksenketel te leven. Bij vriendjes op bezoek raakte ik ook altijd helemaal in de war. Niet zozeer van de rust die er heerste, maar vooral door de familiefoto's op het dressoir of op de televisie. Meestal waren dat er twee. Eentje waarop alleen vader en moeder stonden en daarnaast nog een foto van alle kinderen. Daarop zag je meestal hooguit drie kinderen en in sommige gevallen zelfs maar eentje. Dat kon niet kloppen. Waar waren al die broertjes en zusjes toen de fotograaf langskwam? Op zo'n belangrijk moment niet thuis zijn – onbegrijpelijk. De mogelijkheid dat er wellicht niet meer kinderen waren kwam nooit in me op. En geloofde ik ook niet. De afwezige kinderen zaten vast op kostschool en niemand mocht dat natuurlijk weten. Gelukkig wist ik wel beter. In tegenstelling tot al die kleine gezinnen waren wij nog compleet.

En daarom moesten we naar buiten. 'Jacques, het is droog,' zei moeder, en dat betekende in het echtelijk jargon dat er in verband met de intramurale leefbaarheid een paar kinderen dringend naar buiten moesten. Minimaal een stuk of vier, zodat moeder en de oudste kinderen weer een beetje konden ademhalen. 'Ga toch lekker met de kleintjes naar Het Byland.' Dat was een recreatieplas, een kilometer of dertig van huis, en als we daarheen zouden gaan waren wij zeker een halve dag opgehoepeld. Lekker rustig voor de thuisblijvers. 'In de auto!' riep vader.

Liever gingen we naar het zwembad in plaats van naar Debielland, zoals Irma onze bestemming noemde. Want waarin zwommen we eigenlijk bij Byland? In water met zand. Voor ons was dat modder en dat haalde het niet bij het kraakheldere chloorwater in het zwembad. 'Daar is natuurlijk water,' zei vader. Ja, natuurlijk is daar water, dat wisten wij ook wel. Waarom zouden we daar anders heen gaan? Klemtonen herkenden we nog niet.

Voor de vorm gooit vader een lek luchtbed en een groen-witte zwemband in de kofferbak. Twee levensgevaarlijke attributen. Die band had namelijk een

vervaarlijk uitstekend metalen ventiel aan de binnenkant, dat tijdens het zwemmen venijnig in je naveltje
prikte. Klein leed vergeleken bij de kwetsuren die gepaard gingen met de strijd om de vraag wie als eerste
met de band mocht. Dat was degene die het snelst
zijn hoofd en bovenlichaam door het gat wist te steken. Een keiharde strijd die begon met het aftellen
door vader. Drie, twee, een, nul, waarna hij de band
hoog boven onze hoofden in de lucht gooide, en acht
armen en vier hoofden zich tegelijk door de opening
ervan probeerden te wurmen. Had je alleen je hoofd
erdoor gestoken, dan was je er nog niet. Pas als de
band onder je oksels zat, was de strijd beslist. Op
zich een eerlijk systeem. Zolang de zwemband zich
bij broer of zus nog boven de schouders bevond waren bijna alle middelen geoorloofd om deze te ver-
overen. In het vuur van de strijd werden echter alle
middelen ingezet, en door al dat getrek en geduw
veroorzaakte het puntige ventiel een flink aantal kleine en grote hoofdwonden.

Overigens overleefde ook niet elke band deze fa-
miliestrijd. Regelmatig hield de winnaar alleen een
slap stuk rubber over. 'Weg is weg,' zei vader dan,
of: 'Morgen brengen.' Dat laatste was zijn standaard-
antwoord op uiteenlopende vragen over zakgeldver-
hoging, voetbalkousen of een eigen fiets. Morgen
kwam nooit. Pijnlijk allemaal, maar lang niet zo erg
vergeleken met de kwetsuren van de te stoere jongens

die vanaf de hoge of lage duikplank door auto- of tractorbanden waagden te duiken. Dat ging meestal drie keer goed, maar bij de vierde poging trok het ventiel een geweldige jaap van borst tot buik over het jongenslichaam. Weg was alle bravoure, en dat gold ook voor onze jaloerse blikken die de grote banden opriepen. Ventielwonden waren routineklusjes voor badmeesters.

'Let je wel goed op ze?' riep moeder tegen vader, die inmiddels achter het stuur zat. Die hoorde haar niet en zat enigszins paniekerig met zijn handen op zijn buik en borst te slaan, alsof hij zichzelf fouilleerde. 'Mijn sigaretten! Riet, waar heb je mijn sigaretten gelaten?' Moeder reageerde niet. Vader stapte uit. 'Op het dressoir,' zuchtte Prisca en we wisten allemaal dat ze gelijk had. In onze zwemkleding wachtten we op vaders terugkeer. Hoewel het skai van de bekleding aan onze benen plakte voelde het toch koud aan. Daar was vader weer, met een pakje Caballero zonder filter. Hij haalde er met zijn rechterhand een sigaret uit en tikte met het uiteinde ervan verschillende keren op de bovenkant van zijn linkerhand. Daarmee probeerde hij te voorkomen dat er losse stukjes tabak in zijn mond zouden komen. Hij gaf zichzelf een vuurtje om direct daarna zoals altijd zo discreet mogelijk de eerste tabaksresten van zijn lippen te spugen. Pfft, pfft. Filtersigaretten waren blijkbaar voor vrouwen.

'Wat doe je nou? Dat kan niet,' riep moeder, die zich het uitzwaaiproces anders en zeker ook korter had voorgesteld. Haar woorden sloegen niet op het spugen – daar was iedereen aan gewend –, maar op de aansteker die vader gebruikte en wilde meenemen naar Byland. Dat was een zilveren Ronson met de inscriptie: 'J. Hoes 1955-1970', een cadeau dat hij van collega's had gekregen bij een jubileum als leraar. 'Die gaat niet mee,' zei ze, 'want die raak je daar zeker kwijt.' Ze had groot gelijk; die aansteker was een van de weinige kostbaarheden in ons huis. Maar wij wilden onderhand weleens vertrekken.

Mopperend liep vader weer naar binnen om binnen een minuut alweer terug te komen. Niet met een klein pakje lucifers, maar met de grote doos. En die hoorde bij het gasfornuis. Dat wist ik zelfs. 'En, gevonden?' vroeg moeder. Schuldbewust leverde vader de doos in. Zonder iets te zeggen stapte hij in de auto. Moeder riep nog iets over een deur en een riem, maar vader luisterde niet meer. Die stak met de auto-aansteker een verse Caballero op, startte de auto en reed weg.

Na een minuut ontdekte vader dat hij nog iets vergeten was. Terwijl zijn ene hand op het stuur lag en de Caballero tussen de lippen bungelde, bewoog hij zijn andere hand achter zijn rug en onder zijn kont over de zitting van de stoel. Wat nu weer? Vader moppert en wisselt stuurhand en zoekhand.

Opeens stopt hij. Opent zijn portier, grijpt de autogordel, trekt die naar binnen en klikt het uiteinde in
het felrode mondje naast zijn rechterheup. 'Hon-
derdste keer,' roept Irma, en dat kon best kloppen.
Mannen van zijn leeftijd hadden allemaal leren rijden in een tijd dat autogordels nog een zeldzaamheid
waren. Nooit hadden ze kunnen wennen aan de ver-
plichting hun gordel om te doen vóór het wegrijden.

We gingen dus zwemmen, al hadden we geen van
allen een diploma. 'Is hier niet nodig,' had vader gezegd, 'dat is alleen verplicht in het zwembad.' Levensgevaarlijk, want niemand van ons kon zwemmen. Ook vader niet. Die mocht dan na zijn
huwelijk verhuisd zijn naar Aruba, zelfs op dat warme eiland hadden mijn ouders niet leren zwemmen.
Later hebben we ze vaak geplaagd vanwege het gebrek aan deze vaardigheid. 'Vroeger kon niemand
zwemmen,' zei vader dan, 'en dat hoefde toen ook
niet.'

Bij de ingang van het recreatieterrein stopte vader
even om ons uit de auto te zetten. Daarna reed hij
snel verder om een parkeerplaats te zoeken. Wat
vonden we dat sneu. Urenlang was hij bezig totdat
hij uiteindelijk, kilometers verderop, een plekje had
gevonden. Althans, dat dacht ik. In werkelijkheid zat
hij in de schaduw op een terrasje een biertje te drinken. Want dat doen vaders nadat ze hun vrouw en
kinderen bij pretpark of strand hebben afgezet. Pas

toen ik zelf een jonge vader was ontdekte ik dit grote vadersgeheim.

Na drie uur kwam vader kijken hoe het met ons ging. Prima, concludeerde hij, want niemand was verdronken. Al wist hij niet helemaal zeker hoeveel kinderen waren afgezet bij het water. En er waren geen gewonden. Niemand van ons had eraan gedacht om de band uit de kofferbak te halen en mee te nemen. Dorst en honger hadden we wel, maar dat waren we gewend. Praktisch als vader altijd was, combineerde hij het kijken hoe het ons verging met ons ophalen. 'Ik heb de auto voor jullie al wat dichterbij kunnen zetten.' Die stond tweehonderd meter verder. Haast op het terras.

Eenmaal weer thuis brachten we direct moeder op de hoogte van onze belevenissen. Die raakte lichtelijk ontstemd over zoveel nalatigheid. 'Hoe kunnen jullie nu in vredesnaam luchtbed en zwemband vergeten? Voortaan moeten jullie maar weer naar het zwembad.'

Dat zwembad heette de Paasberg, omdat het naast de gelijknamige heuvel lag. Ik vond het een rare naam voor een bak water; Paasdal was passender geweest. Hoe ze het ooit voor elkaar hebben gekregen is een raadsel, maar het zwembad lag exact op de grens van ons dorp Silvolde en het naburige Terborg. Dat moet precisiewerk zijn geweest, want de ingang lag zelfs tussen de bordjes bebouwde kom van beide plaatsen. Het gevolg was een continue verbale strijd tussen de jeugd uit Silvolde en Terborg over de vraag van wie het zwembad was.

Hoewel een gezinsabonnement bedoeld was voor een gezin dat uit vier personen bestond, beschikten wij ook over deze voordelige kaartsoort. Het gerucht ging dat ons gezin jaarlijks een bespreekgeval was bij de gemeentelijke afdeling die verantwoordelijk was voor de uitgifte van abonnementen. Maar aangezien er geen wettelijk maximum was verbonden aan de grootte van een gezin, zwommen we relatief goedkoop. Probleem was wel dat we geen tien kaarten bij een gezinsabonnement kregen, maar slechts vier. En aangezien er altijd wel een of twee kwijt waren bleven er slechts twee over. 'Zeg maar dat je van Hoes bent,' zei vader, 'dan kun je zo doorlopen.' Die zin werd er bij ons ingestampt en gebruikten we ook op de voetbalclub en bij uitvoeringen van de gymnastiekvereniging. En dat werkte altijd. Eigenlijk zag je nooit iemand betalen bij het zwembad. Wie geen abonnement had kreeg er langs illegale weg eentje aangereikt bij een groot hek, net buiten het zicht van de kassajuffrouw en de badmeesters. Zo deden de beruchte Terborgse jongens van Kevel het altijd. Die vorderden zelfs abonnementen. Als je geluk had slechts tijdelijk, had je pech dan voorgoed.

Vader zette ons af bij de poort en liep tot onze grote schaamte in zijn korte broek vol carboleum-

vlekken en zijn op navelhoogte dichtgestrikte overhemd mee het terrein op. Het was zaterdag, en dan
bouwde of sloopte hij steevast een schutting of zette
er eentje in de bijtende carboleum. Ieder zijn hobby.
Na een praatje met de badmeester vertrok hij weer.
'Tot vanmiddag,' riep hij ons na.

Dat klonk geruststellend, maar was zeer veront-
rustend. Hij zei niet 'Tot vanavond' en dat betekende dat hij tussendoor nog een keertje terug zou komen. Met onze lunch. In die broek. En waarschijnlijk
met... Daar wilden we niet eens aan denken.

In het zwembad, waar het altijd naar rozenbottels
rook, was het een dag zoals alle andere. De Kevels
liepen her en der te intimideren, de peuters pisten in
het pierenbad en de badmeesters zaten zich weer
stierlijk te vervelen. Ze doodden de tijd met hun
standaardomroepberichten. Meestal hadden die betrekking op zaken betreffende veiligheid op en rond
het water. Zoals het touw dat de overgang naar het
diepe markeerde ('Wil die jongen met de rode zwembroek nu van het touw af gaan?') en de etiquette bij
de duikplank ('Niet meer dan één persoon tegelijk
naar boven'). Het meest gehoorde omroepbericht
ging echter over afval en betrof de oproep om snoep-
papier in de prullenbakken op de zonneweide te de-
poneren. Niemand had het ooit over de zonneweide,
alleen de badmeester. Die oproep was duidelijk niet
voor ons bestemd; wij hadden geen lege zakjes chips

of Mars-verpakkingen. Laat staan frietbakjes. Nee, wij hadden een cateraar die ons zou komen bevoorraden en elk moment achter je kon staan. De enige omroepberichten die nog wel enige ophef veroorzaakten waren bestemd voor vrijende stelletjes in de uithoeken van het zwembad. Dan hoorde je: 'Willen die jongen en dat meisje daarmee stoppen of doorgaan achter het hek in het bos?' Als we dat hoorden gingen we er direct op af. In de praktijk was het meestal zo dat de badmeesters op de zoenende stelletjes werden geattendeerd door een opvallende toename van glurende kinderen rondom zo'n paartje.

Het opgewekte 'Hallo, daar ben ik' waarmee vader zijn terugkeer aankondigde klonk toch weer als een verrassing. Een onaangename. Hij had een pakaf fietstas bij zich en een grote pan. In die tas zaten borden, bestek, bekers en een fles melk. De pan zat halfvol met zuurkoolstamppot en vier stukjes worst. Hij legde vier borden op het gras van de zonneweide en verdeelde de zuurkool over de borden. De zuurkool was nog warm. Kon ook niet anders, het was ruim 25 graden. Vader schepte er immer een groot genoegen in om bij alles wat hij deed de nodige aandacht te trekken, en in een mum van tijd had hij een klein oploopje gegenereerd rond zijn mobiele gaarkeuken. 'Nog iemand wat melk?' riep hij net te luid met de grote fles in zijn hand. 'Niet zo hard. Stop weg die fles. Doe maar in die stomme tas,' siste Prisca met een rood hoofd.

Daar zaten we dan. Om ons heen was het oploopje overgegaan in een kring van belangstellenden.
Velen van hen waren net zo oud als wij, en keken
met een patatje en een Fanta in de hand hoe wij onze zuurkool aten. Het stonk, zag er niet uit maar
smaakte wel. Natuurlijk lieten we dat niet merken.
Vader leek te genieten van de situatie en vroeg gekscherend of een van de andere bezoekers wellicht een
hapje wilde. Na een minuut of twintig waren we
klaar. Vader pakte de spullen, riep 'dat we wel thuiskwamen' en grapte nog iets richting badmeester.
'Prettig weekend, tafeltje dekje,' riep die terug, maar
hij vergat (?) daarbij zijn microfoon uit te zetten.
Daar schrok zelfs vader van, en hij leek even iets van
zijn branie te verliezen. Hij spoedde zich naar de uit-
gang. Voor het eerst zonder het laatste woord te hebben. De rest van de middag bleven alle kinderen in
het zwembad in koor tot vervelens toe het 'Prettig
weekend, tafeltje dekje' herhalen.

Om kwart voor vijf klonk eindelijk het fluitje. Dat
geluid kondigde aan dat het zwembad over vijftien
minuten zou sluiten en we naar huis mochten. We
trokken onze sandalen en shirtjes aan, pakten onze
handdoeken en gingen naar de parkeerplaats om
daar in onze zwembroek te wachten tot we werden
opgehaald. Dat kon nog wel even duren. Langzaam
maar zeker werden de fietsenrekken en de parkeer-
plaatsen leger. Tegen halfzes leek het alsof wij als

enigen waren overgebleven. Totdat ik Theo Kevel zag. En hij mij. Ook dat nog. Nooit leek je Theo in zijn eentje te zien. In werkelijkheid was hij regelmatig alleen, maar dan merkte je hem niet op, omdat hij zich op die momenten zo onopvallend mogelijk gedroeg. Heel verstandig, want hij had al aardig wat vijanden gemaakt in zijn wijde omgeving.

Met twee andere jongens kwam hij dreigend op ons af gefietst en langzaam begonnen ze om ons heen te cirkelen. 'Best een lekker wief, die met dat lange haar,' zei Theo, en hij wees met zijn voorhoofd naar Prisca. 'Hej al verkering?' 'Ga weg,' was Prisca's duidelijke antwoord. 'Kom eens hier,' zei Theo tegen mij. Ik treuzelde. 'Schiet op,' zei Theo. Zo traag mogelijk liep ik op hem af. Hij zat nu net als zijn maatjes zo stoer mogelijk op de bagagedrager van zijn fiets. 'Wat staat hier?' vroeg hij, daarbij wijzend naar zijn fietszadel. In dat zadel was met een mes 'kut' gekrast. De combinatie van Kevel, een mogelijk mes en het woord kut maakten me misselijk van angst. Kut, probeerde ik te zeggen maar er kwam geen enkel geluid uit mijn mond. 'Kkk...' Verder kwam ik niet. 'Komt er nog wat van?' klonk het dreigend. 'Kut!' schreeuwde ik opeens veel harder dan de bedoeling was. 'Laat hem met rust,' riep Irma. 'Hou je bek,' riep Theo. 'Ik heb geen bek, maar een mond en die geef ik echt niet af,' antwoordde ze. Theo's vrienden gniffelden. Die waren niet gewend dat hun leider weerwoord kreeg. Helaas was ik nog niet van hem af. 'Kut. Klopt, vraag maar aan je zus. Maar wat betekent het?' Ik mompelde iets over meisjes en geen piemels en Irma riep: 'we gaan.' Zo werkte het niet. Theo Kevel bewoog zijn hoofd langzaam in mijn richting. Ik keek langs hem heen in de hoop dat pappie de parkeerplaats op zou komen rijden. 'Kiek mien an. Kut betekent: "Kevel Uit Terborg."'

Op dat moment kwam de badmeester door de poort van het zwembad. Die kende zijn pappenheimers en dat wist Kevel ook. Zo snel als ze konden gingen Kevel en zijn vrienden er vandoor. 'Hé "prettig weekend, tafeltje dekjes" alles goed?' riep de badmeester. 'Ja, ja,' stamelden we, waarna we naar huis liepen. 'Ha, zijn jullie daar al,' riep vader, 'ik wilde jullie net komen halen.'

Aan de deur

De bel. Moeder kijkt van haar *Libelle* op naar buiten en schrikt. 'Nee. Maandag. Zondag. Waar is het boekje? O, heilige Sint-Antonius. Helemaal verge-ten.' Het was weer eens zover. Een van de vele mid-denstanders uit het dorp stond voor de deur om het boekje met bestelde boodschappen op te halen, en moeder was dat vergeten in te vullen. Gemma staat op om open te doen. 'Zeg maar dat we een week overslaan,' roept vader, die het niet zo had op alle boekjes van zijn echtgenote. Dat kon volgens moeder niet. 'Je laat die man gewoon binnen, anders is hij hier helemaal voor niets naartoe gekomen.'

De man die aanbelde heette Zondag en nam de bestellingen op voor een van de vele levensmiddelen-winkels. Hij kwam altijd langs op maandagavond. Zijn naam was een onuitputtelijke bron van ver-maak. Want wie was er nu, naast Vrijdag, de vriend van Robinson Crusoë, vernoemd naar een dag? Gemma liet Zondag binnen, en hij nam plaats in de woonkamer op het puntje van de bank. Vader vluchtte naar de keuken. Moeder excuseerde zich uitgebreid voor haar nalatigheid en begon in een dressoirlade vol boekjes het exemplaar voor Zondag te zoeken. Die zei geen haast te hebben, maar keek wel constant op zijn horloge. Zeker net nieuw. Daarbij mompelde hij nog net verstaanbaar dat 'hij al zeventien jaar op maandag kwam' en 'dat iedereen dat onderhand wel wist'. Met moeder krompen we licht ineen, want hij had gelijk. Wij waren in gebreke gebleven. 'O, is het maandag. Ik dacht dat die pas na u kwam,' grapte Agnes, de enige die zich niet geïntimideerd voelde. Niemand lachte. 'Ga jij maar naar boven,' zei moeder.

De onverkwikkelijke situatie vroeg om snel handelen, want de bestelling moest worden opgeschreven. Hardop voorlezend begon moeder als een razende een velletje vol te krabbelen. 'Beschuit, thee, pindakaas', en op nadrukkelijk advies van Zondag ('Is één pak niet wat weinig?') verdubbelde ze van verschillende artikelen de hoeveelheden. Hij vertelde langs nog meer adressen te moeten, en verhoogde daarmee de druk op moeder. Onder zijn goedkeurende blik hielpen we moeder een handje. 'Pindarotsjes, Trixie, Klop-Klop, Nibbits, nog een keer Trixie.' Vanwege de grote haast schreef moeder direct alles op wat we noemden.

Bijzonder goedgemutst ging Zondag weer naar buiten, en daarna zagen we hem dezelfde kant op rijden als waar hij vandaan was gekomen. Die andere adressen was hij blijkbaar eerst een keertje voorbijgereden. Vader kwam de kamer weer binnen. 'Is ie weg? Riet, wanneer stop je toch eens met al die boekjes?' 'Vanaf de dag dat jij de boodschappen doet,' antwoordde ze.

Niet alleen Zondag, ook de rest van de lokale middenstand beschouwde ons gezin als een bijzonder interessante doelgroep. Vanwege de omvang, maar vooral omdat moeder geen nee kon zeggen. Dat genereuze karakter had geresulteerd in een onoverzichtelijk groot aantal langlopende semizakelijke relaties tussen ons en haast alle kleine ondernemers in het dorp. Niet toevallig de katholieke. Aan de voordeur was het daardoor een komen en gaan van leveranciers en hun boodschappenjongens. Op zich een zeer klantvriendelijk systeem, maar moeder had er een dagtaak aan de inkoop en de daarbij behorende administratieve rompslomp zo eerlijk mogelijk te verdelen. Uren was ze aan de keukentafel bezig alle boodschappen over de verschillende boekjes te verspreiden. Haar ongekende loyaliteit, gecombineerd met de vrees iemand teleur te stellen, zorgde ervoor dat ze altijd enigszins benauwd was dat de bel op een onverwacht moment ging. Want stel dat er iemand stond en het boekje lag niet ingevuld klaar, zoals bij Zondag soms gebeurde. Moeder wilde niemand laten wachten.

Wellicht had dat te maken met de ervaringen die ze had opgedaan toen ze zelf langs de deuren ging. Want dat deed ze vaak. Als collectant voor het Rode Kruis, de Kankerbestrijding of een nog beter doel. Nooit deden die organisaties tevergeefs een beroep op haar. Ze vond elk doel goed. In de voorkamer was boven op de boekenkast een vaste plek inge-ruimd voor de lege of volle collectebussen van de verschillende goede doelen.

Moeder dacht dat we daar niet bij konden. Dat had ze verkeerd. Via de vensterbank en de smalle houten leuningen van de rookfauteuils konden we net tot aan deze collectebussen reiken. Helaas had-den al die verschillende bussen één ding gemeen: geldgleuven die automatisch sloten als de bus werd omgedraaid. Ondanks tientallen pogingen kregen we daar nooit iets uit. Die bussen hadden een mecha-niek dat we kenden van onze Raiffeisenbank-spaar-potten. Een kindonvriendelijk systeem dat we al vaak bestudeerd hadden. Volgens Peter kon je daar alleen met een magnetische schroevendraaier iets uit krij-gen. Die hadden we niet, en hoewel hij blufte ie-mand op de lts te kennen met zo'n ding, bleven de bussen voor ons gesloten.

De groenteboer die bij ons langs de deur kwam kon met zijn blote handen appels doormidden bre-ken. Niet alleen grote goudrenetten, maar ook de kleine, harde granny smiths. Zure bommen noemden we die. Als wij genoeg fruit aten, zouden we net zo sterk worden, vertelde hij niet zonder eigenbelang. Wij haatten fruit, en alle kilo's glimmende appels, peren en sinaasappels aten vader en moeder zelf op. Dat betekende flink dooreten, want elke week kwamen er nieuwe. Wat de groenteman aanwees, kocht moeder. Vader noemde dat absurd, maar volgens moeder was die rolverdeling volstrekt logisch. 'Hij weet toch wat het beste is.' Van de ene op de andere dag moest moeder niets meer hebben van groenteboer. Voortaan was het groenteman. 'Het is geen boer,' zei ze, 'maar een meneer.' Het liefst wilde ze dat we groentemeneer zouden zeggen, maar dat ging ook vader veel te ver. 'Op school noemt ook niemand mij lesmeneer.' Rond dezelfde tijd ging moeder de melkboer melkman noemen. Toen die kort daarop SRV-man werd en met een winkel kwam voorrijden, kon ze het niet meer bijhouden en sprak ze hem aan met zijn voornaam Jan – toevallig ook de naam van de groenteman. Dus werd het groentejan en melkjan.

Die uitbreiding naar een rijdende SRV-winkel was voor moeder een geschenk uit de hemel. Nu was er veel meer keus, en als ze echt niets nodig had kocht ze in plaats van nog meer melk voortaan gewoon chocola, koek of sigaretten. Meestal had ze niets nodig. Langzaam maar zeker ontstond er zo weer een beetje ruimte in de kelder. Die was vol met flessen gepasteuriseerde melk komen te staan, want moeder had de dagelijkse bestelling van twee halfvolle melk nooit durven stopzetten of aanpassen. We lustten geen melk; daarom dronken vader en moeder het wel drie keer per dag.

Een slagersjongen met een bril kwam elke zaterdagmiddag een pakket vlees brengen met daarin onder meer een meter verse worst. Die worst heette echt zo. Lexi rook dat vlees. Blaffend en grommend liep ze altijd om de jongen heen. Die kende haar verschrikkelijke reputatie niet, en gromde soms terug. Dat deed hij pas na het bezorgen, wanneer hij weer buiten stond en zich veilig waande. Dan tikte hij nog even sarrend tegen het glas van de voordeur. Een keer werd het Lexi te machtig en probeerde ze door het raam te springen om de bijdehante slagersjongen met huid en haar te verslinden. Dat mislukte, maar het glas brak en de jongen is nooit meer langs geweest. De slager had daarna nog gebeld in verband met de verzekering. Maar vader zei: 'Het is onze rothond en ons raam, dus niks geen verzekering. Ik maak het zelf wel.' Moeder vond het natuurlijk weer zielig voor iedereen. Ze had te doen met de jongen, de slager en ook met Lexi. Volgens vader was het allemaal hun eigen schuld.

Op donderdagavond stond de schoenmaker voor de deur. Die kwam op een herenrijwiel met een suffe pakaf fietstas waarin precies twee paar schoenen pasten. Hij hoorde niet bij een van de drie schoenenzaken in het dorp en had waarschijnlijk ergens een werkplaats aan huis. Waar, dat wist alleen moeder. Als een van ons zijn schoenen kapot had, moesten we die in de hal klaarzetten onder de volwassenenkapstok. Dat inleveren stelde iedereen zo lang mogelijk uit, want het was wel je enige paar. Op donderdagavond werden die dan opgehaald en een week later weer teruggebracht. Een doorlopend en gesloten systeem, dat moeder liever niet onderbroken zag worden. Want gebeurde dat wel, dan zou de schoenmaker met een lege tas, dus zonder werk, vertrekken. Die schrijnende situatie zou moeder nooit kunnen verkroppen. Vader vond dat onzin. 'Welke schoenmaker komt nu schoenen halen?! Is er niets, jammer dan. Risico van het vak. Blijft ie lekker een weekje bij zijn leest.' Hij speelde graag met gezegdes en was gek op het plagen van zijn vrouw. Wat dat betreft kon hij met moeders schoenkoerier zijn lol wel op. Nee, 'hij nam hem echt niet op de hak', en 'sprong daarvandaan niet op de tak'. Toen hij het echter over een 'halve zool' had, vond moeder het welletjes. 'Zoiets zeg je niet waar kinderen bij zijn.' Er waren altijd kinderen bij. 'Hij kómt toch voor halve zolen,' sputterde vader nog wat na. 'Jacques, denk erom!' waarschuwde moeder. Als er op dinsdag nog geen enkele te repareren schoen in de hal stond, werd moeder steevast een beetje nerveus. Ze kon natuurlijk altijd een paar van haar eigen schoenen laten verzolen, maar die waren inmiddels allemaal voorzien van een laag of drie. Guido zei dat ze wel bij Slade kon, een popgroep waarvan alle leden op plateauzolen liepen. Moeder kende die niet, verstond 'sleets', en zei: 'Ja, ja.' Dat antwoord zorgde voor veel hilariteit.

Dus toen de schoenmaker vanwege Hemelvaart opeens op woensdagavond in plaats van donderdag- avond voor de deur stond, was de paniek groot. 'Schoenen, ja, ja, komen eraan,' riep ze vanuit de keuken naar Gemma, die de voordeur had geopend. 'Uittrekken, nu!' schreeuwde ze tegen Agnes en ze wees daarbij naar haar schoenen. Die weigerde en rende naar boven. Moeder ging naar de achterkamer. Daar zaten Peter en Guido, maar die hadden alleen sokken aan. Met grote gaten, maar een sokkenmaker kwam niet langs de deur. Prisca en Irma hadden de bui al zien hangen en waren met hun schoenen naar hun slaapkamer gevlucht. Nu werd het spannend. Al- leen vader was nog in de kamer, en die liet zich vast niet zonder verzet ontschoenen. Toen zag moeder mij. 'Snel. Uit. Die goede man staat daar al een kwar- tier.' Durfde ze wel. Tegen de jongste. Ik had geen keus, en daar gingen mijn schoenen, waar niets aan mankeerde, de tas van de schoenmaker in. Geconfis- queerd omdat hij anders voor niets aan de deur was gekomen. De hele week kon ik met mijn kapotte sok- ken in de zweterige rode laarzen van Yolanda naar school. Moeder adviseerde ook altijd twee paar sokken aan te trekken om zo de gaten te dichten. Alsof dat zo makkelijk ging. Het was nog een hele kunst om in de kartonnen Dixan-ton met sokken twee stuks te vinden die elkaar dusdanig aanvulden dat alle gaten gecamoufleerd werden.

Alle zakelijk relaties die moeder was aangegaan kenden een openeinderegeling. Dat betekende in de praktijk dat we in dorpswinkels alles konden laten opschrijven. Van bijna alle zaken had moeder opschrijfboekjes, en deze eerste generatie ongelimiteerde creditcards bood ongekende mogelijkheden. Nooit hoefde in een winkel te worden betaald. Alles werd, of was al, opgeschreven. Geld leek niet te bestaan en speelde geen rol. Boodschappen doen ging als volgt. Werd ik bijvoorbeeld naar de kruidenier gestuurd voor een pak Douwe Egberts ('Kijk goed of er nog pakken zijn met dubbele punten'), sigaretten en koek, dan vroeg men in de winkel alleen of ik het boekje bij me had. Dat was een klein handzaam schriftje, waar moeder met haar hanenpoten thuis de boodschappen in opschreef. Na een jaar werd dat vanzelf een bundel met alle boodschappenlijstjes. Moeder had een la vol met dat soort boekjes. Als ik het boekje bij me had, en moeder had daar inderdaad de bestelling al in opgeschreven, hoefde ik het bij de IFA alleen maar af te geven aan Willy, en dan zocht zij de artikelen bij elkaar. Vervolgens schreef ze de prijzen achter de artikelen. Had moeder er niets in geschreven, dan deed Willy dat zelf. Maar we konden ook zonder boekje naar de winkel. Dan zocht ik zelf de koek en sigaretten, vergat de koffie, en zei: 'Opschrijven.' Volstrekt overbodig vroeg Willy achter de kassa dan: 'Voor Hoes, toch?', en zonder het antwoord af te wachten schreef ze de bestelling in haar eigen grote boek.

Natuurlijk had deze grenzeloze bestedingsruimte een ongelooflijke aantrekkingskracht op alle leden van het gezin. En op hun klasgenootjes, vriendinnetjes en buurjongens. Moeder kende geen argwaan, controleerde nooit en de kruidenier speelde blijkbaar met ons onder één hoedje. Los snoep laten opschrijven was verdacht; familieverpakkingen daarentegen vormden geen enkel probleem. Prima systeem, al werd het uiteindelijk stopgezet. Dat kwam door Irma. Zij liet baaltjes shag van Samson en pakjes Caballero opschrijven, en verkocht die door in het illegale circuit rond het schoolplein van de mavo. Nota bene de school waar vader lesgaf. In de cafetaria zette ze vervolgens dat zwarte geld om in kroketten en patat. Dat ging goed, totdat vader aan tafel een keer met net iets te veel bravoure vertelde dat hij zo goedkoop sigaretten had kunnen kopen. 'Mooi, maar hoe kan dat dan?' vroeg moeder met enige argwaan. Daarna gleed Irma onder de tafel, wilde vader hetzelfde doen en wist moeder genoeg.

Raden maar

Vergeleken met de door meiden gedomineerde thuis-
situatie en het kinderachtige gedoe op kleuterschool
Jacintha, was jongensschool Heilig Hart een zee van
rust, regelmaat en reinheid. Leuk was anders, maar
het had wel wat om de hele dag zo mooi mogelijk
met je armen over elkaar te zitten. Daar kon je nog
aardig druk mee zijn, want het aantal mogelijke tech-
nieken was oneindig. Legde je bijvoorbeeld je rechterhand op de binnenkant van je linkeronderarm en je
linkerhand onder de buitenkant van je rechteronder-
arm, of legde je beide handen over de bovenarmen?
Vuisten ballen en die onder je bovenarmen verstop-
pen kon ook. Dat mocht niet, en alleen de stoerste
jongens van de klas durfden dat. Buiten het zicht van
de meester openden ze soms even een vuist, en groet-
ten zo heimelijk minder stoere klasgenoten zoals ik.
Na twee jaar leek er een einde aan deze overzichtelij-
ke, maar zinloze dagbesteding te komen doordat de
H. Hartschool lokale geschiedenis ging schrijven: ze
fuseerde met meisjesschool Sint-Clara.

Volgens vader werd dat ook weleens tijd. 'Als Strebeg er niet had gezeten was dat al veel eerder gebeurd.' Strebeg was het hoofd van de jongensschool. Zijn bijnaam luidde Bullebak en nooit heeft iemand hem kunnen betrappen op een vriendelijk woord of gebaar. Op ouderlijke verjaardagen deed soms het gerucht de ronde dat er een wazige foto bestond waarop hij lachend langs de oever van de Oude IJssel stond. Maar niemand had die foto zelf gezien. Het was de enige dorpsgenoot met wie vader niet overweg kon. Toch hadden ze noodgedwongen regelmatig met elkaar te maken. Vaders viriliteit zorgde voor een gestage stroom scholieren, en de basisschool was hoofdleverancier voor de naastgelegen mavo waar hij lesgaf. Ze waren dus ook nog eens werkburen. Tientallen jaren later zouden ze door stom toeval precies naast elkaar komen te liggen op de r.k. begraafplaats. En hoe ze zich daar in hun graf ook omdraaiden, ze bleven buren.

Die fusie werd een klinkende overwinning voor de jongens. De naam H. Hartschool bleef en Strebeg, onze Strebeg, werd helaas de baas. Voortaan zaten we gemengd met de handen over elkaar. Verder veranderde er weinig. De meester rookte nog altijd pijp, blies de rook in je gezicht en sloeg met zijn harde knokkels op hoofden wanneer dat nodig was. En dat was regelmatig het geval. Wel waren alle jongens met achternamen die met de letters M t/m Z begonnen uit mijn klas verdwenen. Voortaan zat ik in een gemengde A-L-klas, met een oververtegenwoordiging van B. Iedereen vanaf de M zat in de parallelklas. Een lastig begrip, want zij beschouwden ons juist als de parallelklas. Ook nieuw was het uurtje textiele vaardigheden. De meisjes gingen dan borduren of breien, de jongens punniken. Niets was zinlozer dan dat. Maandenlang was je in de weer met een knot wol, een punniknaald en een houten klosje dat leek op een paddenstoel uit een kinderboek. Felrood, met te witte stippen. Uiteindelijk leverde dat gepruts niet meer op dan een stuk slecht koord. Daar had je niets aan. Ja, je kon het in de vorm van een slak op een stuk papier plakken. Leuk voor aan de muur.

Eén keer in de week kwam Strebeg zelf lesgeven. Schoonschrijven, mijn minst favoriete vak. Zijn les bestond uit de woorden: 'Waar wachten jullie op? Pak een blaadje en ga door waar je gebleven bent.' Daarna riep hij zogenaamd willekeurig wat kinderen naar voren om hun werk te beoordelen. Toevallig zat ik daar altijd bij. Toen het weer eens mijn beurt was, overhandigde ik hem het blaadje met mijn schrijfwerk. Daar had ik nog flink mijn best op gedaan. Zijn immer betrokken blik bleek nog verder te kunnen betrekken. Hij stond op, ging voor het bord staan en zei: 'Hoes. Dit. Lijkt. Nergens. Op.' Dat was overdreven. Daarna scheurde hij mijn werk vier keer door, liep naar de grote grijze prullenbak, en liet de zestien snippers – rekenen was mijn lievelingsvak – naar beneden dwarrelen. Twee snippers misten de bak. Net goed. Strebeg had dat ook gezien, maar deed alsof zijn neus bloedde. Dat ging hem nog lastig af, want hij had ook in de gaten dat ik had gezien dat hij die snippers had gezien. En we hadden geleerd dat je nooit iets naast de prullenbak mocht gooien. Zijn voet erop zetten was geen optie voor hem. Dan zou hij immers zichzelf bijna in de hoek zetten. Een unicum in zijn te lange carrière. Hij koos ervoor om zijn hoofd zo ver mogelijk de andere kant op te draaien, daarmee suggererend dat wat er net was gebeurd zich buiten zijn gezichtsveld had afgespeeld.

Toen ik dit 's avonds thuis vertelde, was vader duidelijk in zijn oordeel. 'Die man is gek.' Moeder was genuanceerder en wilde zoals altijd kool en geit sparen. 'Waarschijnlijk heeft hij je werk niet goed gezien en zich daardoor vergist.' 'Gek, dat is ie,' zei vader nog een keer.

Onze gymlessen werden verzorgd door Guus Hiddink, een semiprof die niet onverdienstelijk voetbalde bij de Doetinchemse club De Graafschap. Agnes zei dat het 'een lekker ding' was. Moeder vond dat je iemand geen ding kon noemen. Elk week kregen we blokjesvoetbal, en het blokje van meester Guus bleef altijd het langst overeind staan. Een voor een schoot hij alle concurrerende blokjes van dichtbij keihard, maar beheerst, in de verst verwijderde hoek van de gymzaal. Na een vernederende zoektocht kon je daarna met je blokje langs de kant op een bank gaan zitten wachten op een nieuwe ronde. Meester Guus won altijd.

Op het schoolplein was de sfeer net zo grimmig als in de klas. Ballen waren daar, net als alle andere spelattributen, streng verboden. Blijkbaar te gevaarlijk. De grootste attractie was de hoge muur die de scheiding vormde tussen ons schoolplein en de naastgelegen kloostertuin. Om de vier meter stak uit die muur een verdikking van een centimeter of twintig. Elke pauze werd er flink strijd geleverd om de voorste plek bij die verdikking. Daartoe sloten alle jongens achter elkaar aan, met hun linkerschouder tegen de ruwe muur, om vervolgens te proberen met gebruik van schouders, ellebogen en knieën een kleine wig te drijven tussen muur en voorganger. Lukte dat, dan perste je je lichaam erdoor, en was je weer iets dichter bij de koppositie. De verdrevene kon weer achter aansluiten. Eenmaal vooraan was het zaak om je schrap te zetten en zo lang mogelijk te blijven staan. Natuurlijk stonden altijd dezelfde jongens vooraan. Mijn hoogste positie bij 'muurtje' was vierde. Toevallig wel op een dag dat er veel schoolreisjes waren. Yolanda en Prisca noemden muurtje het allerstomste spel dat ze kenden. Zelf stonden ze uren wijdbeens met een elastiek om hun enkels te kijken hoe hun vriendinnen daar een voor een in verstrikt raakten.

Helemaal aan de andere kant van het schoolplein bevond zich een nog gruwelijker attractie: de pijnbank. Dat was een muurtje bij de fietsenstalling van nog geen meter hoog, waarop met grote regelmaat medescholieren slachtoffer werden van een kietelaanval. Tussen die twee muren speelden we het gevaarlijke botsautootje of stiekem het kinderachtige piemeltikkertje. Bij deze variant van tikkertje kon je niet getikt worden als je snel een hand op je kruis legde. Dit spel was streng verboden op de Heilig Hartschool omdat je er enge ziektes of rare gedachten van kon krijgen. Toen we een keer betrapt werden dienden we ons met vier jongens – meisjes deden niet aan piemeltikkertje – te melden bij Strebeg. Die zat in een erkerkamer vol ordners achter zijn grote bureau en wilde van onszelf horen waarom wij daar op een rijtje voor hem stonden. Iemand moest dat dus gaan zeggen. 'Ik heb alle tijd,' zei de directeur en dat kwam aardig overeen met het beeld dat ik van zijn functie had. Het duurde zeker twintig minuten voordat een van ons het woord piemeltikkertje durfde te zeggen. Dat was ik. 'Zo, zo,' zei Strebeg, 'dan ben ik wel zeer benieuwd wat dat wel niet is.' Zelf sprak hij het p-woord niet één keer uit. Na lang treuzelen, en met een steeds roder hoofd legden we hem de spelregels uit. Strebeg knikte begrijpend – zo ingewikkeld was het ook allemaal niet – en stelde vervolgens een vreselijk domme vraag. 'Nou, wat zullen jullie ouders hier wel niet van vinden?' Natuurlijk kenden die dat hele spel niet. Dacht hij nu werkelijk dat we aan het einde van de schooldag thuis verslag deden van de wedstrijdjes piemeltikkertje? We haalden onze schouders op, mompelden: 'Weet niet' en mochten gaan. 'Dit krijgt nog wel een staartje, dat verzeker ik jullie,' zei Strebeg. Weer buiten, waarschijnlijk nog net binnen zijn gehoorafstand, schoten we van de zenuwen in de lach. Bullebak was dus de enige op school die piemeltikkertje niet kende. Al hoorden we nooit meer iets over dit incident, deze variant van tikkertje werd daarna nooit meer gespeeld binnen de muren van de Heilig Hart.

Botsautootje wel. Geen idee wat daar leuk aan was, of wie het ooit bedacht had, maar dit pijnlijke spel was onder jongens net zo populair als muurtje. De regels waren simpel. Je deed de armen over elkaar en daarna botste je zo hard mogelijk tegen een klasgenoot op. Blijkbaar waren we in de klas zo gewend geraakt om de armen over elkaar te hebben dat we ze daarom buiten in de pauze ook maar zo hielden. De beste bots maakte je door iemand onverhoeds van achteren een flinke beuk in zijn rug te verkopen. Negen van de tien keer belandde de gebotste dan op de ruwe tegels van het schoolplein. Dat was niet sportief, maar wel binnen de ongeschreven regels. Door mijn magere lijf had ik veel te weinig gewicht om de strijd serieus aan te gaan, en juist dat gebrek aan massa maakte mij des te aantrekkelijker als tegenstander. Met mijn handen over elkaar en de rug tegen het schoolgebouw overleefde ik de pauzes. Slechts eenmaal waagde ik het om zelf een botsaanval in te zetten, en de gevolgen waren catastrofaal. Niet voor mijn vriendje Dieter, het beoogde slachtoffer, maar voor mijzelf. Omdat hij een kop kleiner was, had ik gemeend hem wel de baas te kunnen. Dus toen hij even nietsvermoedend voor me stond, botste ik zo hard mogelijk in zijn rug. Helaas ging hij niet tegen de vlakte. Wel maakte zijn bovenlichaam een korte, lichte voorwaartse beweging. Die viel echter in het niet bij de klap waarmee zijn nek en hoofd naar achteren zwaaiden. Door ons lengteverschil sloeg zijn achterhoofd met een forse klap op mijn mond, of beter gezegd: precies tegen mijn voortanden.

Dat het korte en hevige contact daar plaatsvond was niet zo verwonderlijk, want die twee tanden staken opvallend ver naar voren. Een niet te missen stel, dat wachtte op een corrigerende beugel. Vader was genetisch verantwoordelijk voor dit mankement en had er meer kinderen mee opgezadeld. Al had hij de orthodontie een enorme impuls gegeven, het succes gunde hij graag een ander: 'Ze hebben allemaal jouw tanden, Riet.'

Agnes was thuis, en op school, de eerste met een beugel. Als zij ermee klaar was, kon die beugel volgens vader met wat aanpassingen makkelijk door naar Gemma, vervolgens Prisca en dan naar mij. Moeder noemde dat onmogelijk. 'Dat zullen we nog weleens zien. Zo moeilijk kan dat niet zijn, ortnodo... orthons... orthodontist,' haspelde vader. Moeder lachte. 'Nee, dat is vast heel makkelijk Sjo... Sje... Sjakie.' Wanneer ze zijn naam veranderde klonk ze jonger en verliefd.

Treiteraars noemde mijn tanden '*uit*stekend' en daarbij speelden ze een beetje met de klemtoon. Ook de vader van Dieter was zo'n pestkop. Hij noemde mij altijd Zoef, naar Zoef de Haas uit de *Fabeltjes-krant*. Daar werd ik altijd erg verdrietig van, vooral omdat anderen dat Zoef ook overnamen. Zelfs thuis. Zo had iemand een keer een sticker van Bobo, een stom stripkonijn, op de binnenkant van de wc-deur geplakt. Waarschijnlijk om mij te pesten, maar dat had ik niet eens direct in de gaten. Pas na een paar dagen, toen ik zag dat op die Bobo-sticker met een groene stift Zoef was geschreven, viel het kwartje. En hard ook. Met speeksel probeerde ik de hatelijke letters weg te wrijven. Hoewel de sticker geplastificeerd was zat de inkt muurvast. Alleen de bovenkant van de f vervaagde, waardoor het leek alsof er Zoei stond. Ik deed de deur op slot en besloot om nooit meer van de wc af te komen. Ook zondagavond niet voor *Floris,* mijn lievelingsserie.

Na een minuut of vijf werd aan de klink getrokken. 'Nog niet klaar? Schiet eens op.' Irma moest. Ik deed alsof ik er niet was en gaf geen kik. Irma dacht echter dat ik deed alsof ik niets hoorde, en daarom zweeg. Ze had me dus niet begrepen, maar wel door. 'Kom op, ik moet.' Zonder dat ik het in de gaten had, duwde ze aan de buitenkant van de wc-deur met haar vingers tegen het rode vakje 'bezet'. Als je dat handig deed, verschoof het rode gedeelte naar links, en kwam van rechts het witte deel 'vrij' tevoorschijn. Tegelijkertijd ging aan de binnenkant het haakje uit het grendeltje. Dat gebeurde nu ook, en Irma rukte de deur open. 'Zoef! Ik wist het wel. Aan de kant.' Ze duwde me opzij, en sloeg met een luide klap de deur achter zich dicht.

De botsing van Dieter en mij op het schoolplein leek net zo'n klap, alleen had niemand die gehoord. Mijn doelwit schreeuwde en greep naar zijn achterhoofd. Daar zat wat bloed, dus het was ernstig, en hij leek even dood te gaan. Ik schreeuwde ook, maar had geen bloed. Daardoor werd het een stuk lastiger om als slachtoffer serieus te worden genomen. Toch had ik pijn, al wist ik niet precies waar. Mijn tong inspecteerde de binnenkant van mijn mond. Eerst de kiezen, daarna de hoektanden en toen... au. Mijn rechtervoortand was afgebroken. Nu had ik nog anderhalve konijnentand. Of dat goed dan wel slecht nieuws was, wist ik niet direct. In ieder geval zou het nergens meer op slaan om nu nog Zoef de Haas te worden genoemd. Die had tenslotte twee voortanden. Veel tijd om lang over de gevolgen na te denken was er niet, want er moest gehandeld worden. Eerst schreeuwen. 'Au-auw. Mijn tanden. Zijn. Is. Afgebroken.' Alle aandacht verschoof nu van het minuscule wondje op Dieters achterhoofd naar mijn gebit. Daarna snel herpakken. 'Oei,' zei Ron en hij keek bij die analyse oprecht bezorgd. Ik schrok van zijn blik. 'Dat is veel erger dan mijn hoofd,' zei Dieter, en ik bespeurde enige jaloezie in zijn woorden. Net goed. 'Zoeken,' riep iemand, 'want als dat stuk gevonden wordt kunnen ze het weer vastmaken.' Dat idee deed me sidderen. Hoewel het afgebroken stuk tand hooguit twee millimeter kon meten, voelde het in mijn mond alsof ik een reusachtig brokstuk verloren had. Het zoeken leverde niets op. 'Dat ding kan overal liggen,' zei Ron. 'Vind je nooit meer.' Hij had duidelijk genoeg van het oponthoud en wilde verder met botsautootje. Zo lang was onze pauze nu ook weer niet. 'Dat wordt een kunstgebit, Zoef.' Potverdomme! Nu zei Dieter zelf ook Zoef. 'Misschien is het stuk in zijn hoofd,' riep Ron, en hij wees naar mijn medeslachtoffer. Iedereen wist direct wat bedoeld werd met die onduidelijke opmerking, en massaal stortte men zich op Dieters schedel. Die riep dat hij geen luizen had, en toen klonk de bel. Na anderhalf uur pijn verbijten mocht ik naar huis.

Thuisgekomen was moeder een en al oor. Niet

voor mij, wel voor de radio. Daarop was, zoals altijd tussen de middag, een belspelletje te horen dat *Raden maar* heette. Het werd gepresenteerd door een olijkerd die luisterde naar de naam Kees Schilperoort. Moeder was weg van hem. Het te winnen bedrag had vandaag een recordhoogte bereikt. 'Sst, even wachten,' zei moeder toen ik over mijn tand wilde beginnen. 'We hebben vandaag in kas 870 gulden,' hoorden we Kees zeggen. 'Achthonderd en zeventig gulden,' zei moeder, 'als ik dat toch zou winnen.' 'Kop dicht, Riet,' zei vader, die tussen de middag meestal ook thuiskwam. Hij vond het al net zo spannend. Het format van *Raden maar* was simpel. Men liet een geluid horen, en dat moest geraden worden. Als een kandidaat het verkeerde antwoord gaf, werd het te winnen bedrag met een tientje verhoogd. Eén keer had ik het geluid geraden: het smeren van een beschuit. Overigens sprak Kees, toen dat twee dagen later geraden werd, tot onze hilariteit van besmeren. Moeder nam het spel zeer serieus, en was er ook erg goed in. Ze had een keer het geluid van een fietsdynamo geraden, dat van ramen zemen – 'bezemen' grapte ze – en een lift. Vooral dat laatste vonden we knap, want waarvan kende ze dat geluid? In Silvolde was nergens een lift. Wij vonden dat ze eens moest bellen en meedoen, maar volgens haar moest je gebeld worden.

Kees had een vrouw aan de lijn – het waren altijd

vrouwen – en hield een gesprek over ditjes en datjes. Toen vroeg hij of ze het geluid nog een keer wilde horen. Tot onze ergernis wilden de kandidaten dat altijd. '870 gulden in kas, en dit is het geluid.' De spanning nam toe. 'Waarom eet je niets?' vroeg moeder. 'Dat doet te veel... Ik heb mijn ta...' 'Toe. Alsjeblieft. Kunnen jullie nog heel even jullie koppen dichthouden?' Voordat ik kon vertellen wat er op het schoolplein gebeurd was, kwam vader ertussen. Het geluid klonk als een zaag. 'Een scheet,' riep Prisca, 'en nog een scheet.' 'Hè, toe,' zei moeder. 'Schuurpapier,' riep vader. 'Kan niet. Is al geweest,' zei moeder. En toen begon helaas het ANP-nieuwsbulletin van 13.00 uur al. 'Eén uur. Opschieten. Allemaal naar school.' Moeder was onverbiddelijk. We zouden de uitslag net niet meer kunnen horen.

Met een lege maag en anderhalve voortand sleepte ik mezelf naar school. Vader bleef, met zijn jas al aan, bij de deur staan treuzelen. 'Jacques, je had al weg moeten zijn.' De mavo waar hij lesgaf, was een kwartiertje lopen of drie minuten met de auto. Als je goed luisterde kon thuis de zoemer van de mavo gehoord worden. Soms vertrok vader 's ochtends pas van huis nadat hij de eerste zoemer had gehoord. Tegelijk met de tweede zoemer scheurde hij dan het schoolplein op. Hij zou het verloop van *Raden maar* en de ontknoping prima op de autoradio kunnen volgen en dan precies op tijd komen. Helaas was dat

44

geen optie, omdat hij nooit de juiste zender kon vinden op de autoradio. Moeder mocht hem daar graag mee pesten.

Op school aangekomen leek iedereen mijn ongeluk al weer vergeten. Dieter liep met een grote zak drop over het plein. 'Gekregen, voor mijn hoofd. Van je tante.' Hoe kon dat nou? Ik had hem verkeerd verstaan. 'Van je tand,' zei hij. De middag ging zingend voorbij. Niet omdat het leuk was maar omdat onze klas aan de beurt was, om komende zondag voor in de kerk te zingen.

Meester Siers liep met zijn pijp tussen de rijen banken door. Die stonden altijd in dezelfde opstelling. Links zaten de kinderen die goed konden leren, in de middelste rijen de gemiddelde leerlingen, die bijna allemaal naar de mavo van vader gingen, en rechts de kinderen die beter iets met hun handen konden gaan doen. Zij waren in feite al opgegeven. Bij mijn bankje hield Siers zijn pas in. 'Wat hoor ik hier?' Hij deed een stap vooruit, en daarna weer achteruit. 'Ik hoor gebrom.' Siers deed alsof hij in zichzelf sprak, maar had het tegen ons. Hij boog zijn hoofd voorover, blies een wolkje rook in mijn richting en zei: 'Hoes, jij bent het. Wat ik je brom.' Voor woordgrapjes leek het mij geen goed moment 'Hoes, stil. De rest verder zingen.' Hij spitste zijn oren. 'Zie je wel. De brom is weg. Zondag ga je gewoon mee, en in de kerk doe je maar net alsof je zingt. Zonder geluid.' Mij best. Ik had toch al een hekel aan zingen. En eigenlijk ook aan alle kinderen die zongen. Dat kwam waarschijnlijk doordat zus Yolanda, die echt niet kon zingen, dat toch deed. Vaak, hard en vals. Volgens moeder klonk het best aardig.

Omdat het niet lukte om met mijn tong uit de buurt te blijven van de vlijmscherpe afgebroken voortand, zat daar nu een sneetje in. Ik proefde bloed, maar wist niet zeker of het ergens naar smaakte. Volgens Prisca kon je je eigen bloed niet proeven, omdat het naar jezelf smaakt. Bloed van anderen smaakte anders.

Met een negatief zangadvies en een enigszins gespleten tong kwam ik thuis. 'Morgen 880 gulden! Nieuw record. Ze had het mis!' Ongevraagd en laaiend enthousiast deed moeder verslag van de afloop van *Raden maar*. 'Weet je wat ze gezegd had?' Ik haalde mijn schouders op. 'Een pan. Het leegschrapen van een pan. Of leeg beschrapen.' Ze zei het met een ietwat geaffecteerde stem en imiteerde daarmee de kandidate van de dag. Vreemd, moeder deed nooit andere mensen na. Behalve vader dan, maar dat telde niet. Dat dit nooit het goede antwoord kon zijn wist ik ook wel. We waren opgegroeid met het geluid van pannen die werden leeggeschraapt, en konden waarschijnlijk zelfs verschillende lege pansoorten onderscheiden. Toen moeder eindelijk in de gaten had dat mijn hoofd niet naar *Raden maar* stond vroeg ze:

'Is er iets?' Ik ontblootte mijn tanden zover als ik kon. 'O nee, Huugje. Wat is er gebeurd?' Met horten en stoten kwam het verhaal eruit, en daarbij vergat ik niet te vertellen dat Dieter een troostzak drop had gekregen. Een heel grote. Moeder was vooral verbaasd dat we 'botsautootje' speelden. Ze haalde een aspirine en vroeg daarna waarom ik het niet eerder had verteld. '*Raden maar*,' zei ik. 'Doe niet zo flauw, vertel gewoon,' antwoordde moeder. 'Vanwege *Raden maar*.' Toen begreep ze het. 'We gaan pappie bellen.' Dat leek me overdreven. 'Nee, we wachten wel. Anders denkt hij wellicht dat er iets ernstigs is.' Moederlogica was ondoorgrondelijk.

'En? Geraden?' Daar was vader. Blijkbaar had hij de ontknoping van *Raden maar* thuis tussen de middag toch niet kunnen of durven afwachten. 'Nee. Fout. Een pan. Leegschrapen,' antwoordde moeder afgemeten. 'Tss. Een pan leegschrapen. Dat is het zeker niet,' zei vader. Toen zag hij dat er iets aan de hand was. 'Wat is hier gebeurd?' Moeder gaf een inadequate samenvatting van het botsincident waarin Dieter opeens Pieter heette, en niets werd gezegd over de zak drop. Ze sloot af met: 'We hadden je bijna gebeld.' 'Botsautootje!' riep vader. 'Laat eens kijken.' Hij beurde mijn hoofd op bij de kin en bekeek de schade. Het zag er niet best uit.

De volgende dag zat ik samen met vader bij de tandarts. Die was de pensioengerechtigde leeftijd al ruimschoots gepasseerd, en zijn uitrusting en behandeltechnieken waren nog ouder. Hij hoorde slecht, en vond het nodig om verschillende keren luidkeels te verkondigen dat hij nog goed kon zien zonder bril. Veel fiducie had ik er niet in. Terwijl hij mijn gebit inspecteerde praatte vader hem ongevraagd bij. 'Ja. Agnes ook. Gaat goed. Schoolplein. Zeker geen asbak hier?' De tandarts luisterde maar half, tot hij de oorzaak van de breuk vernam. 'Botsautootjes!' Hij schudde zijn hoofd. 'Die hadden wij vroeger niet op het schoolplein.' Terwijl vader in de wachtkamer een sigaretje rookte, pulkte de tandarts op extreem pijnlijke wijze met een soort punniknaald in mijn halve tand. Daarna lijmde hij er een nieuw stukje aan vast. Vader zei dat je er niets meer van zag. Weer thuis zei moeder exact hetzelfde en dat was geen afgesproken werk. Na een maand was dat nieuwe stukje geel, weer een maand later bruin en vervolgens werd het zwart. Zelfs moeder kon nu niet meer volhouden dat je er niets van zag.

Samen met vader ging ik terug naar de tandarts. 'Hij pakt hem niet,' zei de tandarts, 'en dan houdt het op.' Het was dus niet zijn schuld. Vader knikte beschaafd. Thuis zei vader dat de tandarts het verpest had. 'Die man in Arnhem moet er dan maar naar kijken.' Vader bedoelde de orthodontist. Hij meed dat woord zo veel mogelijk omdat hij er altijd over struikelde. Omdat we toch al klant waren hoefden we niet lang op een afspraak te wachten. Toch had het aangezette stuk tegen de tijd dat het zover was al losgelaten. De orthodontist noemde mijn gebit een serieuze taakstelling, en verzekerde dat het goed kwam. Met de verwijzing 'extractie 11' voor de tandarts keerden we huiswaarts. Vader stelde moeder gerust. 'Komt allemaal goed, Riet. Kwestie van staaktelling.' Peter vertelde dat 'extractie' trekken betekende, en dat er waarschijnlijk elf uit moesten.

De nacht voordat ik terug moest naar de tandarts met zijn punniknaald kwam er van slapen niet veel terecht. Die las de volgende dag de verwijzing, mompelde dat het jammer was dat ie dat niet eerder wist, en trok de halve tand.

De dag erna kwam ik met één konijnentand op school. Dat maakte wel indruk, want zoiets had niemand. Er werd nog een keer neushoorn geroepen, waarschijnlijk door Dieter, maar dat werd door niemand overgenomen.

Twee jaar later was het gat gedicht, stond alles redelijk recht en mocht de beugel eruit. Het matineuze laatste bezoekje aan de zichtbaar tevreden orthodontist – hij sprak van een huzarenstukje – duurde dan ook niet lang. Rond twaalf uur was ik weer thuis. Trots wilde ik mijn tanden laten zien. 'Mammie, kijk, hij is...' Moeder legde een wijsvinger tegen haar lippen, en ik hoorde: '290 gulden in kas, en dit is het geluid.'

Kermis

In Silvolde was doorgaans helemaal niets te doen, maar rond de derde zondag van september gebeurde alles tegelijk. Dan was het namelijk kermis, en de betekenis van dit jaarlijks volksfeest voor het dorp viel niet te overschatten. Scholen gingen twee dagen dicht, er werd flink gedronken, soms gevochten, en relaties ontstonden of eindigden. Ruim negen maanden later volgde er steevast een geboortepiekje. Moetjes, ongelukjes, als blijvende herinneringen aan een verder geslaagde kermisavond. Dat wist ik natuurlijk allemaal niet. Voor ons bestond de kermis uit attracties die we anders nooit zagen, vuurwerk, een wielerronde die voor ons huis langs kwam, een gratis zak snoep en vooral geldgebrek.

De eerste signalen van de kermis verschenen aan het begin van de maand. Dan hingen opeens aan alle lantaarnpalen in de dorpskom borden met LUNAPARK SILVOLDE. Niemand kende het woord lunapark. Volgens Peter was het Amerikaans en betekende het lichtfeest. Dat had te maken met alle lampjes in de attracties. Die immense kennisvoorsprong gebruikte ik ongedoseerd, en zo achteloos mogelijk, om vriendjes te imponeren. Een jaar later kende iedereen deze betekenis van lunapark, die overigens niet klopte. De hele maand liepen we uit school via de kermisweide naar huis. Vanaf een veilig afstandje keken we eerst of er al kermiswagens waren gearriveerd, en de dagen daarna hoe het tijdelijke attractieparkje verrees. Thuis deed ik elke dag enthousiast verslag van de bouwvorderingen. Vader waarschuwde: 'Kermisvolk, dat blijft toch een apart slag.' Meteen sprong moeder met een dooddoener op de bres voor deze ambulante beroepsgroep: 'Jacques, het zijn gewone mensen, hoor.' Zij was duidelijk nog nooit bij een kermis in opbouw geweest.

Het volksfeest begon op zaterdagavond met groot vuurwerk. Weken had ik daarnaar uitgekeken en nu het zover was, zag ik helemaal niets. Geen pijl, fontein en zelfs geen sterretje. Vader was met de oudste kinderen richting het kermisterrein vertrokken. Vanaf een aangrenzend weiland zou daar het vuurwerk ontstoken worden. Hij had gezegd dat de eerste acht kinderen die hun jas aanhadden met hem mee mochten. Het gevolg was een ongekende en in feite ook overbodige duw- en trekpartij bij de kapstok. Daarbij sneuvelde een ophanglusje en werd Yolanda onder de voet gelopen. Vervelend, maar binnen een minuut stond wel iedereen met zijn jas aan klaar in de kamer. Behalve moeder. Zij vond dat 'acht' een flauwe grap, en de rest van het plan noemde ze onverantwoord. Moeders hielden niet van vuurwerk.

Uit veiligheidsoverwegingen bleven wij dus bij moeder thuis om het beloofde spektakel vanachter een slaapkamerraam te aanschouwen. 'Het is begonnen,' riep ze even na negenen. Waar ze dat op baseerde was volstrekt onduidelijk. Hoe hard we onze neuzen of oren ook tegen het raam drukten, er viel niets te zien of te horen door het enkele glas.

Wel zagen we de achterbuurvrouw in peignoir en met het hoofd vol krulspelden de gordijnen dichttrekken. Ze was niet de enige buurvrouw die er op zaterdag zo uitzag. De halve buurt liep met gekleurde plasticjes in het haar, behalve mijn moeder. Die werd elke zaterdag door kapper Mario in de krullen gezet. Volgens Agnes was dat 'verdacht vaak'. Peter vond dat onzin, en zei dat alle dameskappers van de andere kant waren. Net als de bloemist. Yolanda en ik wisten niet waar ze het over hadden. Prisca legde ons uit dat ze 'van de klets-klets' waren, en om haar woorden te verduidelijken sloeg ze terwijl ze dat zei met haar rechterhand enkele malen op de bovenkant van haar linker. Ik begreep niet wat ze daarmee bedoelde en mocht het van haar ook niet aan mammie vragen. Voor krulspelden waren we echter niet opgebleven.

Pas toen we tegen alle moederlijke adviezen in

boven op de vensterbank gingen staan, zagen we af en toe een lichtoranje gloed. Die deed alleen met heel veel fantasie aan vuurwerk denken. Moeder was vastbesloten om de stemming niet te laten bederven door een detail als de beeldkwaliteit. Zij vond zoals altijd alles weer prachtig. Haar vele o's en ah's waren volstrekt uit de lucht gegrepen en kregen geen enkele echo. Prisca noemde haar een gillend keukenmens. 'Meid, keukenmeid,' verbeterde moeder. Het geluid van de vuurwerkshow was in onze huiselijke skybox al net zo slecht als het beeld. Alleen door het gejank van Lexi wisten we dat er geknald werd. Honden hielden net zomin van vuurwerk als moeders. 'Sst. Stil zijn,' zei moeder, 'anders horen we het niet.'

Al kenden we het woord niet, dit werd echt te gortig, en teleurgesteld gingen we naar beneden. Halverwege de trap was toch nog een knalletje te horen. Dat was de hardste, de slotknal, die waarschijnlijk samen met het in brandende letters geschreven 'Tot ziens' aangaf dat de show voorbij was.

'Mooi, afgelopen,' zei moeder en ze had er bijna nog bij geklapt. Als compensatie mochten we totdat de rest weer thuis zou komen tv-kijken. Zo konden we deze zaterdag eindelijk ook eens een keer het einde van de *Berend Boudewijn Kwis* zien. Moeders favoriete presentator gaf daarin weer een hypermoderne draaibare BB-kleurentelevisiestoel weg, en ik begon te twijfelen. Kon ik later misschien toch niet beter Be-

rend Boudewijn worden in plaats van pontbaas?
Even later kwamen de oudste vijf thuis. Het eerste
wat we naar elkaar riepen was: 'En? En?' Wij wilden
alles over het vuurwerk weten en zij waren benieuwd
of de stoel er bij de quiz uit was gegaan. Moeder
bleek weer eens gelijk te hebben gehad; het vuurwerk
was prachtig geweest.

'Maar,' vroeg ook moeder, 'waar is pappie?' Vader was niet mee teruggekomen. 'Die moest nog
even langs Elly Kolks,' zei Agnes. Nu vloekte moeder. Kolks was het stamcafé waar mijn beide ouders
elke vrijdagavond zaten, en waar vader op andere
avonden vaak ook nog 'heel even' naartoe ging. Dat
'heel even' kwam altijd exact overeen met de tijd tussen zijn binnenkomst en de sluitingstijd van het café.
Niet de sluitingstijd die op de vergunning stond die
op het raam was geplakt, maar het tijdstip dat de eigenaresse de laatste klant naar buiten had gewerkt.
'Dan ga ik hem nu halen,' zei moeder, die er ook wel
eens even tussenuit wilde. 'Agnes, jij brengt de kleintjes naar bed', en weg was ze. De kermis was begonnen.

De volgende ochtend kon moeder wel nieuwe
krulspelden gebruiken, maar ze nam een handvol
Rennies. Het was laat geworden bij Kolks, en dat
was ook vader aan te zien. Zijn humeur leed er niet
onder. Na een snelle, door moeder gesmeerde boterham stond hij met een raar Chevron-petje op voor

het huis alweer druk te gebaren en te oreren. Daar was het een drukte van belang, want de voorbereidingen voor de wielerronde waren in volle gang. Dranghekken werden geplaatst, een geluidsinstallatie opgehangen en een snackwagen opende de luiken. Op een enkele auto met Duits nummerbord na was er zelden iets vermeldenswaardigs te zien op de Berkenlaan, dus keken we onze ogen uit. Vader bemoeide zich met de rijrichting van de kermiskoers, en noemde dat gratis adviseren. Hij had een eigen theorie en die kwam erop neer dat het veiliger en leuker voor het publiek was als tegen de klok in werd gefietst. Had volgens hem met verborgen linksbenigheid en acceleratie te maken. Klonk allemaal heel deskundig, maar in werkelijkheid was het voor hem makkelijker om foto's te maken als er linksom gefietst werd. Dan kwamen de renners dichter langs ons huis, en kon vader vanuit zijn tuin proberen een foto te maken. Anders moest hij in de berm staan. Voor het resultaat zou het niet uitmaken: hij was er nog nooit in geslaagd het peloton vast te leggen, laat staan een gedemarreerde koploper.

Heel even leek het dat de man die het START/FINISH-doek had opgehangen dat zou gaan omdraaien. Maar net voordat vader zijn zin kreeg stak de hoofdscheidsrechter daar een stokje voor. Die was blijkbaar niet onder de indruk van het Chevron-petje en bitste: 'Hangen laten, die jurywagen staat hier toch niet voor niets?' Vader, die ik nog nóóit had zien fietsen, maakte er verder geen punt van. 'Als jullie denken het beter te weten, dan laat je het toch lekker hangen zo?'

Inmiddels stond al ons aftandse campingmeubilair op het gras in de voortuin. Ook alle keukenkrukjes en de stoelen uit de eetkamer waren naar buiten gesleept. Het hele jaar mocht dat gras niet worden betreden; nu duwden tientallen stoelpoten gaten in het gazon. Met de kermis was alles anders.

Onder de vrienden en collega's van mijn ouders bleken opvallend veel wielerliefhebbers te zitten, want er kwam steeds meer visite. Peter en Guido werden naar Kolks gestuurd om een extra kratje Grolsch te halen, en moeder riep: 'Jammer dat we geen toastjes hebben.' De Rennies waren blijkbaar aangeslagen.

Drie koersen zouden er vandaag verreden worden. Eerst een dikkebandenwedstrijd, dan de nieuwelingen en vervolgens de amateurs. Aan de dikke-bandenwedstrijd kon iedereen meedoen. Althans, iedereen die over een fiets beschikte. Leuk, maar ik had geen fiets. Interessant was alleen de categorie amateurs. Zij hadden de mooiste fietsen en tenues, en roken naar de mentholbalsem waar ze hun spieren mee voorverwarmden. En deze categorie kende een lokale favoriet: Bram. Elk jaar bekladden zijn supporters de nacht voor de wedstrijd het wegdek met aanmoedigingen, zoals HUP BRAM en BRAM = BEST. Een keer hadden zijn fans BRAM ZET 'M OP geprobeerd, maar iedereen las dat als BRAM ZET MOP. Aangezien er van boven naar beneden werd geschreven, las Bram dat fietsend waarschijnlijk zelf als MOP ZET BRAM. Vader kon die steunbetuigingen wel waarderen. Ze waren foutloos geschreven – best knap na een avondje kermis – en er werd alleen waterverf gebruikt. Het moest wel leuk blijven.

De stemming zat er aardig in deze kermiszondag, al dreigde die even helemaal om te slaan toen Peter en Guido met een krat pijpjes Grolsch terug kwamen. 'Pijpjes?' zei vader. 'Pijpjes?' zei de visite hem na. Peter vertelde dat kroegbazin Elly had gezegd dat een kratje beugels te zwaar was om naar huis te dragen, en daarom had ze dit meegegeven. Volgens haar vond vader dat niet erg. 'Vooruit,' zei hij, 'als Elly dat zegt, geloven we het maar.' Versteeg, collega wiskunde van vader, greep zijn kans. Hij rekende hardop: '24 pijpjes keer 33,3 liter is acht liter, twintig keer een beugel van een halve liter is tien. Tien min acht is twee liter. Toch jammer.' Best handig dat wiskunde, zag je de rest van het gezelschap denken.

'Komt die van hier? Ze zeggen dat die van jullie is!' Daar was opeens de man die het FINISH-doek had opgehangen. Hij keek boos en liep nogal voorovergebogen. Die vreemde houding kwam doordat hij met zijn rechterhand een jankende zwarte cockerspaniël meetrok. De onze. 'Lexi!' riepen we in koor. 'Bij je houden,' riep de eerlijke vinder, 'ze gaan zo beginnen.' Ondanks onze protesten werd Lexi opgesloten in de garage. Volgens vader was dat helemaal niet zielig, en voor haar eigen bestwil. Volgens Agnes was het wel zielig en 'wilde ze dat niet best'. De rest van de middag hield ze Lexi in de garage gezelschap.

Vader bladerde door het programmaboekje van de wielerkoers. Zijn oog gleed over de namen, startnummers en vooral de woonplaatsen van de renners. Omdat Bram al genoeg steun kreeg, koos vader een andere favoriet. Traditioneel werd dat de renner die de langste reis had moeten maken om naar ons dorp te komen. Meestal was dat iemand die geen enkele supporter had en totaal verrast werd door onze massale toejuichingen. Vader vond iemand uit Goes, wat ons best ver leek, maar die heette Godfried. 'God... fried, fiets een beetje door,' grapte hij met de klemtoon op god. Iedereen lachte. 'Kunnen we niet maken,' zei vader. Volgens moeder was Godfried een doodnormale naam. Het werd Nelis. Nelis uit Dalen. Niemand wist waar dat lag, dus moest het wel ver weg zijn, was de logische gedachte. Nelis reed met nummer 56, toevallig ook ons huisnummer. Elke keer als hij voorbijreed veerden we tegelijk op – de sierlijke wave bestond nog niet – en scandeerden we zijn naam. Nelis wist niet wat hem overkwam. Vanaf de vierde doorkomst kreeg hij in de gaten waar de aanmoedigingen vandaan kwamen. Verlegen knikte hij in onze richting. Ik was trots. Niet iedereen had een wielrenner onder zijn vrienden of kennissen.

Helaas bevorderde het alcoholgebruik de creativiteit dusdanig dat de aanmoedigingen al snel uit de hand liepen. Nelis werd 'Ja, nee, ja, Nelis', soms 'Jalis' en zelfs 'Silen'. De ene volwassene was nog grappiger dan de andere. Met het taalgevoel van het mavodocentenkorps was niets mis.

Nelis' prestaties leden zichtbaar onder de goedbedoelde, maar onbegrijpelijke steun. Halverwege de koers kwam onze man uit Dalen helemaal niet meer voorbij. 'Nelwas,' riep iemand. Er werd gelachen, al hoorde ik dat niet meer. Met al mijn zussen was ik naar het kermisterrein vertrokken. Dat ging nog niet zo makkelijk, want we mochten alleen onder begeleiding van Agnes, de oudste, naar de kermis. Zij zat echter nog bij Lexi in de garage. Daar was ze pas uit gekomen na het in ontvangst nemen van vijf gulden losgeld in de vorm van een echt briefje. 'Voor de kermis,' zei moeder, 'en delen.'

Vergeleken met de ene gulden die wij kregen was dat een gigantische som. Agnes haatte het om op kleine broertjes en zusjes te passen, en had zogenaamd niets gehoord over delen. Met een speciale, angstaanjagende tactiek probeerde ze van haar toezichthoudende taken af te komen. Ze ging met Prisca in het veel te enge spookhuis, stopte Yolanda in de verraderlijke swing mill en ik moest mee in de auto-scooter die we de botsauto's noemden. Ons wagentje was veel te groot voor mij. Schrap zetten kon onmogelijk. Een gordel was er niet. Wel een rood lintje dat ik herkende van de gymles. Die werden gebruikt bij het kiezen van teams en meestal kreeg ik het laatste lintje overhandigd. Dit lintje zat om de paal van ons wagentje en was zo groot dat het iedereen paste. Dat betekende dat ik er wel drie keer in kon. Agnes duwde een penning in de gleuf, en kort daarna begonnen alle wagens tegelijk te rijden. Ik was bang, maar Agnes schreeuwde. Ze gaf gas, reed zich in een kluwen aan wagentjes en gooide in paniek het stuur om. Het verrassende gevolg was dat ons voertuig opeens zo hard als het kon achteruit begon te rijden. Kort en krachtig, want binnen enkele seconden knalden we precies voor de kassa op de harde zijkant van de baan. We vlogen naar voren, en door het veel te grote veiligheidslintje was er voldoende speling om met mijn mond keihard op het stuur te klappen. Tand door de lip. Agnes gilde maar weer eens en ik huilde.

Vanuit het niets verscheen er opeens een lange arm die een 'steekpenning' in het muntgleufje van ons karretje duwde en het naar een veilig hoekje loodste. Die arm was van een van de Kevels, een beruchte familie uit Terborg. Natuurlijk hadden zij weer een kermisbaantje weten te bemachtigen. Op onze kermis nota bene. Ik zoog het bloed uit mijn lip en rende naar huis. Daar was moeder in haar eentje bezig de bende op te ruimen. Nou ja, bezig... Ze lag op de bank een schoonmaakstrategie te bedenken. Lastig, want ze kon nergens het telefoonnummer van Ada, onze werkster, vinden. De rest was naar de kermis. Haar troostende woorden verzachtten de ergste pijn en de rijksdaalder (tweevijftig!) die ze gaf deed wonderen. 'Die heb ik vandaag toch niet meer nodig,' zei ze.

De volgende ochtend waren Irma en Prisca als eersten beneden. Zij hadden de gewoonte om 's morgens in vaders colbertje op zoek te gaan naar achtergebleven muntjes of briefjes. Deze keer hadden ze pech. Hij had zijn jasje op het tweepersoonsbed als een dekentje over moeders voeten gelegd. In haar slaap had zij hem even bij zijn koosnaampje genoemd: 'Lekker Sjimmie.' Deze kermismaandag zouden we een zak snoep krijgen en het echte kermisgeld. Die zak was niet zo'n probleem. Daarvoor hoefden we alleen een bonnetje in te leveren bij de feesttent. Dat kermisgeld was andere koek, want vader had een plan bedacht. Hij stelde voor om dat geld te overhandigen in zijn stamcafé. Daar moest hij toch al vroeg zijn want er was *frühschoppen*, een uit Duitsland overgewaaide gewoonte om veel te vroeg buitenshuis bier te gaan drinken. 13.00 uur was volgens vader de beste tijd voor de financiële transacties. Hij pakte zijn jas, sloeg een sjaal om en riep: 'Kom op, Riet, we gaan.' Terwijl zij naar stamcafé Kolks vertrokken haalden wij onze zak snoep op, en verzilverden de twee bijbehorende gratis bonnen van attracties naar keuze. Dat werden de zweefmolen en de miniscooter. Daarna verbaasde ik al mijn broers en zussen door voor maar liefst tweeënhalve gulden te vergokken. Om 12.30 uur gingen we met z'n achten naar het rokerige en stampvolle café. Aan de lange stamtafel zaten mijn ouders te midden van een groot gezelschap vrienden en kennissen. 'Hé jongens,' riep vader, 'hebben jullie het geld nu alweer op?' Aan zijn stembanden mankeerde nooit niets en iedereen hoorde hem. Hij trok zijn bruine lederen portefeuille. 'Eens kijken. Ah. Hier, een tientje, eerlijk delen.' Het was een vijfje en hij gaf het aan Agnes. 'Riet, heb jij nog wat?' Moeder stamelde een beetje. 'Kom eens hier, jongens,' zei Ben, boezemvriend van vader en de enige die hem in stemvolume overtrof. Hij gaf Peter een tientje en zei: 'Is Ben de enige die iets heeft voor deze lieve kinderen?' Vaders tactiek werkte. Iedereen trok zijn portemonnee. Na een inzamelingsrondje om de tafel vond vader het welletjes. 'En nu opgedonderd jullie allemaal. Elly, heb je nog een biertje voor ons?' Met genoeg geld voor zeker drie weken gokken, zweven en suikerspin eten huppelden we naar de kermis. Aan het eind van de middag waren we weer thuis. Blut.

Lekker gespeeld

De enige keer dat vader op zaterdagochtend naar een voetbalwedstrijd van mij kwam kijken stond ik reserve. Dat was niet helemaal toevallig, zoals vader dacht, want dat kwam wel vaker voor. Best vaak eigenlijk. In principe iedere week, tenzij er veel afmeldingen waren. Ik had wel een basisplaats bij de C4, alleen niet binnen de lijnen, maar er net buiten. Pijnlijk, vooral omdat we nooit op een hoofdveld speelden. Dat was gereserveerd voor de sportieve jongens van A1, B1 of C1, teams die ook wel met het haast magisch klinkende woord 'selectie' werden aangeduid. Wij speelden altijd op veld drie of vier en daar was geen bankje voor de reserves. Laat staan een overdekte dug-out. Dat betekende dus elke zaterdagochtend twee keer dertig minuten staan. Maar dat wisten ze thuis niet.

Een voetbalweek begon op woensdagmiddag. Dan gingen we direct na school met alle jongens naar de kapper. Want daar, bij herenkapsalon Hals op de Markt, hing meester Gelderen wekelijks het wed-

strijdschema met alle voetbalwedstrijden van het komende weekend achter het raam. Waarom dat bij de
kapper gebeurde wisten we niet. Normaal gesproken
kwam je slechts twee keer per jaar bij de kapper om
de onbegrijpelijke boodschap van moeder 'Alleen
wat bijknippen' door te geven. Afknippen, dat snapte
ik wel, maar bijknippen leek een onmogelijke opdracht. De kapper vertaalde moeders codebericht in:
'Aha, kort en gedekt', en vroeg daarna zonder enige
ironie of thuis alles goed was. Dit terwijl hij ons gezin
echt wel kende. 'Je zou er een boek over kunnen
schrijven,' zei hij weleens. Een griezelboek, dacht ik
dan.

Het raam van de bakker of de kruidenier was lo-
gischer geweest om de opstelling bekend te maken.
Wellicht had het te maken met het feit dat de herenkapsalon sinds het verdwijnen van de aparte jongens-
en meisjesschool nog de enige plek exclusief voor
jongens was. Senioren konden overigens hun voetbal-
programma bekijken achter het raam van een plaat-
selijk café.

Gelderen, die al zijn vrije tijd in het jeugdvoetbal
stak, genoot van dat belangrijke ophangmoment.
Daarom kwam hij met zijn glimmende auto altijd zo
laat en langzaam mogelijk aanrijden bij de kapsalon.
Daar zaten wij tot ongenoegen van de kapper ongeduldig en lawaaierig te wachten op de ijzeren stang
die de etalageruit tegen gestalde fietsen en ander ge-

vaar moest beschermen. 'Zo kan ik niet knippen, jongens. D'r af en naar huis. Straks gebeuren hier nog ongelukken,' mopperde de kapper dan. Gelukkig voor Gelderen trokken wij ons daar niets van aan. Daardoor bleef hij altijd verzekerd van een grote schare nieuwsgierige jongetjes bij het verversen van het programma.

Wöske werd deze onderwijzer van de bovenbouw ook wel genoemd, en dat betekende worstje in dialect. Hij had niets weg van een worstje. Die lokale ö-klank kwam vaker voor in bijnamen. De uitbater van het grootste café-restaurant werd Pömpke genoemd, een verwijzing naar de bierpomp die hij bediende. Ook luisterde er een lange jongen in het dorp naar de naam Pöske, dat paaltje betekende. De oorsprong van die bijnaam had met zijn lengte te maken kunnen hebben, maar lag in werkelijkheid nog meer voor de hand: hij heette Paul.

Over Wöske werd gefluisterd dat je op school hoge cijfers van hem kreeg als je goed voetbalde. Wie scoorde kreeg geheid een goed rapport. Dat verhaal ging althans in de C4. Helaas werkte het niet andersom: een goed rapport gaf geen recht op een basisplaats. Vanzelfsprekend zouden tegenstanders ook niet onder de indruk zijn van dikke voldoendes voor zinsontleding of hoofdrekenen.

Gelderen verwijderde het oude programma, beet vervolgens vier plakbandjes van een rol, en plakte daarmee het net getypte schema aan de binnenkant van het raam. Bij dit ritueel leek het altijd even alsof het blaadje ondersteboven zou komen te hangen. Grapje van de meester.

Van onderaf gleden mijn ogen over het A4'tje. Dat was de snelste route naar de informatie over de lagere elftallen en ik las:

Veld 4: Silv. C4 – Ajax B. C2 Aanw.: 9.00 u. Aanv.: 9.30 u.

Wöske hield niet zo van typen. Elk woord van meer dan vier letters werd door hem dan ook afgekort.

Onder die aankondiging stonden twaalf namen, waarvan eentje tussen haakjes: de mijne. Reserve dus. Komende tegenstander Ajax B. C2 zag er op papier indrukwekkend uit, maar de B stond voor Breedenbroek, een niet serieus te nemen gehucht dat dertien kilometer verderop lag. En aangezien vervoer naar uitwedstrijden altijd per fiets ging, zouden de Broekers waarschijnlijk totaal uitgeput bij ons aankomen. Ook het C2 was niet wat het leek. Ajax B was een kleine club en de C2 was dan weliswaar het tweede, het was ook het laagste C-elftal. Om negen uur moesten we er zijn en om halftien was de aanvang. Dat rare woord betekende begin en vader had gezegd dat het Duits was. Om tegenstanders in verwarring te brengen riepen we soms net voor de aftrap keihard met z'n allen: 'We gaan aanvangen!' Of eerlijk gezegd riepen *ze*, de elf in het veld, dat. Al was ik degene die deze tactische en intimiderende strijd-kreet had bedacht.

De C4 trainde in een uithoek op het slechtste ge-deelte van het sportcomplex. Het veld was er abomi-nabel en de lucht niet te harden. Vlak erachter lag namelijk ijzergieterij Lovink, een van de meest ver-vuilende fabrieken in de omgeving. Daar werkten de mannen die op zondagmiddag door het dorp liepen om de etalages te bekijken van de gesloten winkels: Turken. Een groot aantal van hen sliep in een lugu-ber pension op de Markt, maar de meeste Turken woonden op het bedrijfsterrein, een gebied waar wij liever niet kwamen.

'Allemaal hardwerkende en vriendelijke mannen,' had moeder over de vreemdelingen gezegd, 'die het werk doen wat wij niet willen doen.' Moest zij zeg-gen. Hoe meer Turken, hoe beter, dacht moeder waarschijnlijk, want zelf kende ze eigenlijk geen ge-wild werk. 'Terwijl hun arme vrouwen moederziel al-leen thuiszitten.' Dat 'moederziel' gebruikte ze graag en vaak. 'Vaderziel' hoorde je nooit.

'Laten ze die vrouwen maar sturen,' had broer Peter een keer heel stoer gezegd. Daar moest vader wel om lachen. Hoe dan ook, het idee dat je een naast- of overgeschoten bal bij de Turkse gastarbei-ders moest gaan terugvragen was een enorm schrik-beeld. Want wat zou je dan moeten zeggen? Turki balli trug, meende keeper René. 'Balli back, dat kennen ze over de hele wereld,' zei de trainer. Gelukkig was er in werkelijkheid niemand bij de C4 die zo hard over kon schieten dat de bal daadwerkelijk bij de exotische buurmannen op het terrein van de ijzergieterij zou belanden.

Terwijl naast ons de selectiegroep op een kortgeknipt groen veld onder de prachtige gloed van de lichtmasten allerlei flitsende oefeningen met nieuwe ballen en oranje pilonen uitvoerde, deden wij in de modder een partijtje in het donker met een bal zonder kleur. Zes tegen zes. René in het ene doel, ik in het andere. 'Goed staan is een belangrijk faspet van modern voetbal,' zei de trainer, 'ook naast het veld.' Hij bedoelde aspect of facet en gaf daarmee te kennen dat hij ook zaterdag weer op me rekende langs de lijn.

Na de training kwamen we in de kleedkamer die vóór ons door de C1 was gebruikt. Aangezien zij standaard al het warme water verbruikten zat er meestal niets anders op dan besmeurd en bezweet de gewone kleren weer aantrekken. Dat ging bijna altijd goed, maar deze keer niet. Door alle modder was niet alleen mijn voetbalbroek doorweekt, ook mijn doordeweekse onderbroek was drijfnat. Die moest dus uit voordat ik mijn lange bruine ribbroek weer aantrok. Een schone onderbroek had ik niet bij me. Die lag op zaterdagavond pas klaar. Dus ging ik met mijn blote billen in de lange broek. Die billen gleden er zo in, en de rest eigenlijk ook wel. Alleen bleef er bij het dichtritsen van de gulp een klein dingetje net even tussen de rits steken: mijn piemel. Een minuscuul stukje voorhuid blokkeerde ongewild het ineenschuiven van de kleine vlijmscherpe ritstandjes.

Ik schreeuwde het uit. 'Auuuu! Auuuu! Help. Mam-mie. M'n piel.' Door de pijn verlamd stond ik als aan de grond genageld. Twee tandjes hadden beet en lieten niet meer los. Kijken durfde ik niet, bewegen was onmogelijk en ter plekke doodgaan leek de enige redelijke optie om een eind aan deze ellende te maken. Met de tanden op elkaar en de handen voor het rampgebiedje probeerde ik me van mijn ploeggenootjes af te keren. Dat zij dit wisten was al erg; dat ze het ook nog eens zagen maakte het dramatisch. En nu ik me ook nog eens het kinderachtige 'mammie' had laten ontvallen was het leed niet te overzien. Thuis gebruikten we 'mammie' en 'pappie' alle acht, of eigenlijk alle tien, dagelijks maar nooit buitenshuis. Blijkbaar was dat een ongeschreven regel. Tranen biggelden over mijn wangen. Niemand lachte. Alle jongens zagen direct de pijnlijke ernst van de situatie in. Hardop werd meegedacht over een oplossing. 'Trekken, gewoon doortrekken. Doe ik met mijn trainingsjack ook altijd. Dan loopt ie zo weer door,' riep iemand. Ik sidderde. 'Misschien heeft Wöske een tangetje,' schreeuwde Richard. Iedereen schrok. Nooit zeiden we Wöske als de kans bestond dat hij het horen kon. Ook niet in noodsituaties. 'Bloeit het?' vroeg onze keeper, die zonder het antwoord af te wachten zijn luie oog in de richting van mijn beknelde velletje boog. 'Bloedt. Het is bloedt. Niet bloeit. Ik ben geen... geen paardenbloem,' verbeterde ik. 'Nee, het bloeit niet,' antwoordde hij vanuit de buurt van mijn kruis. 'Stil blijven staan,' gebood keeper René. Een makkelijke opdracht, ik kon niets anders. En voor ik wist wat er gebeurde trok hij het lipje van de rits in één ruk naar beneden. Pff. Wat een opluchting. Ik kon weer ademen. De schade bleek mee te vallen. Alles was dan wel knalrood, het hing er tenminste nog. Maar wat nu? In de natte en smerige trainingskleren kon ik niet naar huis. De lange ribbroek nog een keer aantrekken zonder onderbroek was ook geen optie. Tenzij achterstevoren met de gulp aan de achterkant. Zo gezegd, zo gedaan.

Thuisgekomen sloop ik beschaamd zo zachtjes mogelijk de trap op richting de badkamer. Een eigen kamer had niemand van ons, en deze veredelde doucheruimte – want groter was de badkamer niet – was de enige plek die enige privacy bood. 'Wat heb jij nu aan?' klonk het opeens keihard door de hal. Peter. 'Niks!' 'En dat dan,' riep mijn oudste broer, daarbij wijzend naar mijn omgedraaide broek. 'Ook niks.' Onderweg, tussen kleedkamer en huis, had ik besloten deze ramp thuis nooit, maar dan ook nooit aan iemand te vertellen. Vijf minuten later had ik alles er huilend uit gegooid en kende Peter het hele verhaal. En Guido ook, want Peters verse belofte om het geheim te houden ('Ik zweer het. Echt. Eerlijk') gold volgens hem niet ten opzichte van broers, alleen tegenover zussen. 'Broers vertellen toch nooit iets door,' zei Peter. 'Zussen wel. Dat zijn net meiden.'

Hun reactie op mijn dramatische relaas was schokkend: ze geloofden het niet. 'De jouwe? Tussen de rits? Zoiets heb ik nog nooit gehoord. Kan niet, bestaat niet.' De vernederende dubbele betekenis van die typische grotebroersreactie ging gelukkig aan me voorbij. Zo normaal mogelijk vroeg ik een droge onderbroek aan moeder. 'Trek er tot zaterdag maar eentje van Yolanda aan,' antwoordde ze, 'kan makkelijk. Jongens gebruiken hun gulp toch nooit.' Dat had Yolanda gehoord. 'Komt niks van in! Afblijven. Ik heb er nog maar twee,' schreeuwde ze. 'Of van Prisca,' suste moeder.

De C4 was een verzameling jongens die werkelijk niets te zoeken hadden op het voetbalveld. Geen van allen. We waren te dun, te traag, te dik, brildragend of motorisch beperkt en bij veel van ons was sprake van een cumulatie van lichamelijk ongemak. Kortom, kneuzen, die het eigenlijk niet waard waren de clubkleuren zwart en wit te mogen dragen. Zelf was ik nogal mager en ook had ik een beroerde conditie. 'Geen body' en 'geen startsnelheid' in het jargon van onze trainer. Bijgevolg kon ik hard schieten noch rennen. En dat waren volgens de trainer twee essentiële basisvaardigheden voor iedereen bij de C4. Door omstandigheden gedwongen was hij wekelijks genoodzaakt te tornen aan zijn op zich niet eens zo strenge selectiecriteria. Er moest tenslotte wel gevoetbald worden. Dat gebeurde tegen clubs als Ulftse Boys, VVG, door ons ook wel Varkens Van Gaanderen genoemd en aartsvijand Terborg. Vanwege het gebrek aan kwaliteit binnen de C4 was ons elftal vooral gebaat bij een solide sluitpost op doel. Daar stond René, een alleraardigste klasgenoot met een lui oog en x-benen. Elk flink schot op zijn doel was raak en dat resulteerde steevast in uitslagen tussen de 12-0 en 18-0. Hielden we de 10, dan zou ons hele team een zakje Treets krijgen. Nooit wonnen of scoorden we, en voordat we het ooit geproefd hadden werd Treets M&M's. Een 0-27 thuis, nota bene tegen Terborg, vormde weliswaar een zwarte bladzijde in de clubhistorie, maar kwam niet als verrassing. Keeper René kon daar niets aan doen en nooit klonk het verwijt: 'Die had je kunnen hebben.' Laat staan: 'Die had je *makkelijk* kunnen hebben.' Dan zouden we liegen. Het doel was nu eenmaal de enige plek waar hij een beetje uit de voeten kon. Met een x-benige spits zouden we als C4 helemaal nergens serieus genomen worden.

Dat wist vader allemaal niet toen hij die zaterdagochtend onze wedstrijd tegen Ajax B, dat helaas toch met de auto gekomen was, bezocht. Handenschuddend en op schouders slaand liep hij richting het vierde veld. Hij was dan wel voorzitter van de voetbalclub, van het reilen en zeilen bij de C4 was hij totaal onwetend. Het verslag dat ik thuis van de wedstrijden deed bestond meestal uit dezelfde twee woorden: 'Ging wel.' En blijkbaar had niemand van de clubvrijwilligers hem ervan op de hoogte durven brengen dat zijn zoon niet het grote jeugdige talent van de club was. En ook niet het kleine talent, maar meer een mascotte die helaas te groot was om in het net te hangen.

Vreemd was het dan ook niet dat hij mij eerst minutenlang in het veld tussen alle spelertjes met een zwart-wit shirtje probeerde te ontdekken. 'Hé wat leuk, je vader,' riep onze trainer enthousiast, 'helemaal aan de overkant.' Ik schrok. Deze vernedering wilde ik vader en mijzelf besparen. Voor de zekerheid keek vader ook nog even of ik niet in een oranje shirtje van Ajax B in het veld stond. Dat had zomaar gekund, want regelmatig kwam het voor dat de tegenstander niet over genoeg spelers beschikte. Beide trainers gingen dan overleggen, er werd wat gelachen, waarna onze trainer naar mij wees. Vervolgens wierp de trainer van de tegenpartij een nogal afkeurende blik in mijn richting en riep iets van: 'Doe dan maar', of: 'Moet dan maar.' In elk geval werden mijn transfers altijd afgerond met de woorden 'dan maar'. Uiteindelijk speelde ik vaker tegen dan voor mijn eigen team, en was ik de enige speler van de C4 die weleens een wedstrijd won. Ook nog een doelpunt maken zat er helaas niet in.

Nu vader doorhad dat hij in het veld niets meer te zoeken had richtte hij zijn blik op de randverschijnselen en zag hij mij staan. Heel even deed ik alsof ik hem niet zag, maar dat was niet vol te houden, omdat de trainer mij aanstootte terwijl hij enthousiast zwaaide en naar de overkant wees. Contact. Vader hief zijn armen vragend omhoog en riep daarmee zonder woorden over de breedte van het voetbalveld: hoe kan dit nou? Ik antwoordde door mijn schoudertjes en armen zo hoog mogelijk op te halen. Zo ging het gesprek in eenvoudige gebarentaal nog even verder, al zat er weinig variatie in de antwoorden. Vader stak een hand met een vinger op. In internationaal voetbaljargon betekende dat: 'De eerste helft?' Uitslagen en standen werden altijd met twee handen aangegeven. Hoewel de laatste minuten van de tweede helft al bezig waren en de wedstrijd op zijn eind liep knikte ik een duidelijk 'ja'. Daarop stak vader de wijs- en middelvinger van zijn rechterhand in de lucht, maakte daar razendsnel weer een vuist van, om bijna tegelijkertijd de wijsvinger weer uit die vuist te laten springen en daarmee naar mij te wijzen. Die bewegingen herhaalde hij in een hoog tempo. Zo vroeg hij in feite een keer of zeven achter elkaar of ik in de tweede helft zou gaan invallen. Niet alleen verbaal was vader snel, ook manueel communiceerde hij in een hoog tempo. Moeder, die zelf altijd alle tijd van de wereld leek te hebben, noemde hem ongeduldig en soms zelfs 'stuk ongeduld'.

Al wist ik dat er helemaal geen tweede helft meer zou komen, toch knikte ik. En voor de zekerheid bleef ik knikken. Die valse belofte die ik deed om vader niet teleur te stellen hield wel even stand, maar zou al op de korte termijn grote problemen gaan veroorzaken. En die korte termijn begon over een kwartiertje. Terwijl ik mezelf steeds verder in de nesten werkte klaarde vaders gezicht helemaal op. Hij straalde een en al tevredenheid uit en beëindigde onze woordeloze conversatie met een gebaar waarmee hij zijn mond op slot leek te draaien. Toepasselijk, maar ik bleek dat toch niet goed te hebben gezien. Het was geen sleutel, maar een kopje koffie dat naar de mond werd gebracht, en dat had ik pas door na het vierde virtuele slokje. Hij wilde dus gaan koffiedrinken in de kantine. Mooi. Dat kwam mij goed uit. Soepel en zo nonchalant mogelijk gooide hij een uiteinde van zijn gestreepte sjaal over de linkerschouder. Van begin september tot half mei was dat altijd zijn eerste beweging wanneer hij ergens vertrok. Alsof hij zichzelf ermee aanslingerde. Die zwaaiende sjaal was net het rechterbeen dat een opstappende fietser over het zadel van zijn fiets slingert. En terwijl vader de kantine binnentrad ('Verrek, ik ruik koffie') en ik piekerde over de volgende leugen, floot de scheids af.

12-0 verloren. De trainer berustte in de uitslag en zijn scherpe analyse van de wedstrijd kwam overeen met die van een week eerder. 'Ze waren beter.' Dat mijn vader langs was geweest was niemand ontgaan. Niet alleen omdat C4-vaders nooit kwamen kijken, maar vooral omdat hij voorzitter van de club was. Dat zorgde voor tal van wilde speculaties onder mijn medespelertjes. De een dacht dat we misschien clubtassen zouden krijgen, net als de selectiejongens; een ander had het over gratis Treets, en Fredje, onze 'niet-scorende spits' meende dat er vanuit de C3 belangstelling voor hem was. Ik wist wel beter. Binnen enkele minuten zou vader uit de kantine komen voor de tweede helft inclusief mijn competitiedebuut. Ik moest dus weg. En snel ook. Van de trainer hoefde ik niet te douchen. 'Je was toch reserve. Ga maar vast; kun je misschien nog met je vader mee.'

Tien minuten later was ik thuis. Moeder zat bij de kapper, Agnes deed boodschappen, Gemma werkte bij de bakker, Peter en Guido waren iets smerigs aan het doen met wierook op de jongenskamer, en de overige drie deden wat ze altijd deden: ruziemaken. Ik pakte *Het aanzien van 1962* uit de boekenkast en ging daarmee op de trap zitten. Met pijn in de buik bladerde ik door dit fotoboek op zoek naar mensen die er nog beroerder aan toe waren dan ik. Dat viel niet mee.

Toen vader een halfuurtje later thuiskwam was ik op de helft van het boek, maar had ik ze nog niet gevonden. 'En,' zei vader op opmerkelijk onopvallende toon, 'hoe was het?'

'Ging wel,' antwoordde ik.

'Ach, als je maar lekker gespeeld hebt,' antwoordde vader.

Sint

Een kwartiertje, langer had het heerlijk avondje niet geduurd. Toen waren tot verdriet van moeder de beide jute aardappelzakken en de drie kussenslopen met cadeautjes alweer leeg. 'Op is op,' zei vader, waarna hij zich met een chocoladeletter J voor de televisie zette, om nog net het staartje van *Spel zonder grenzen* mee te pikken. Moeder zocht op het tapijt tussen het opengescheurde inpakpapier naar weggeworpen ongelezen gedichten. Wie weet kwamen die nog een keer van pas. En zolang wij geen ruziemaakten, mochten we opblijven. Al met al eindigde sinterklaas zo toch nog redelijk rustig. Dat Gemma weer eens te laat was, wij urenlang verplicht puzzelden, en vader een groot deel van de avond op zijn rug in de keuken had gelegen, was iedereen alweer vergeten.

Drie weken eerder was het feest begonnen met de traditionele intocht van Sinterklaas en acht met roedes gewapende Pieten. Een van de Pieten herkende ik als de vader van mijn bevriende buurjongen Wilco. Ze werden gevolgd door tientallen om snoep jengelende kinderen. Voor ons was alleen het slot van dit jaarlijkse evenement interessant, want dan verscheen het gezelschap op het balkon van het café-restaurant aan de Markt. Daar keerden alle Pieten hun zakken binnenstebuiten om te laten zien dat al het snoep echt op was. Sinterklaas sprak de kinderen kort toe en stak vervolgens uitgebreid de loftrompet over de hoge kwaliteit van het lokale winkelaanbod. Naast hem stond een spreekstalmeester met microfoon vreselijk in zijn element te zijn: vader. Hij hield van die optredens en sprak aan één stuk door. Steekwoorden: 'gemeenschap', 'saamhorigheid', 'fatsoen'. Allemaal termen die we thuis nog nooit gehoord hadden. Sinterklaas knikte bij elk woord, maar was zichtbaar geïrriteerd dat hijzelf niet langer het middelpunt was. Het publiek lachte en applaudisseerde. Dat deed vader dus goed.

Wat hij nog beter had gedaan, was een doos met gemengd strooigoed voor ons veiligstellen. Een van de vele vijfkilodozen waaruit de Pieten steeds hun zak vulden. Dat kon je wel aan vader overlaten. Met carnaval deed hij iets vergelijkbaars en kwam hij met tientallen zakken snoep thuis. Moeder had weleens vraagtekens gezet bij deze semi-illegale geschenken, maar die werden door vader weggewimpeld. 'Anders blijft het toch maar liggen,' loog hij, 'en onze kinderen hebben toch al slechte tanden.' Dat laatste klopte wel. 'Zoiets hoef je niet te zeggen,' zei moeder.

De weken na de intocht was er volop snoep in huis, en was het eigenlijk ook niet nodig om 's ochtends zo vroeg mogelijk op te staan om te kijken of er een marsepeinen muis of chocolademunt in je schoen lag. Dat was sowieso in veel gevallen een zinloze bezigheid. Meestal was iemand je al voor geweest, die op systematische wijze alle schoentjes geleegd had.

Het was ook de tijd dat vader en moeder opeens samen activiteiten ondernamen. Daar deden ze heel raadselachtig over, al was het voor ons volkomen duidelijk wat ze in hun schild voerden. Ze gingen naar de stad – Doetinchem – om cadeautjes te kopen. Vader reed en betaalde, moeder deed de rest. Ze inventariseerde de wensen, zorgde voor een rechtvaardige verdeling, verstopte alles en maakte voor iedereen gedichten. Avonden achtereen zat ze op de rand van haar bed met een schrift op schoot te rijmen, en volgens vader was ze daar erg goed in. Veel beter dan hijzelf, dus dat kwam goed uit. Moeder had een rare bibberziekte. Daar merkte je eigenlijk alleen wat van als ze een kopje koffie op een schoteltje serveerde, of als ze schreef. Haar ouderwetse handschrift was, mede door dat bibberen, onleesbaar. Het voorlezen van de door haar geschreven gedichten werd na de inleidende woorden, zoals 'Madrid, 5 december. Lieve Prisca', dan ook direct gestaakt. 'Niet te lezen,' werd er dan geroepen, waarna moeders liefdevolle huisvlijt ondankbaar tussen het papierafval verdween. Echte verrassingen deden zich op cadeaugebied niet vaak voor. Iedereen had ruim voor 5 december in de linnenkast de cadeaus al ontdekt, en ook altijd snel even gevoeld wat erin zat. Soms streepte iemand een naam door op het pakpapier, en schreef zijn eigen naam erop. Van dergelijke surprises raakte moeder in de war. Wij leerden ervan. Toen we eenmaal op een leeftijd waren dat we lootjes moesten trekken en voor elkaar pakjes kopen, leidde dit bijna tot de mooiste sinterklaas ooit. Althans voor mij. De rest sprak over een familiedrama dat maar net was voorkomen. De lootjes waren door mij gemaakt. In een vlaag van puberale overmoed gecombineerd met intelligentie ('hebzucht', volgens Gemma) had ik een administratieve vergissing gemaakt bij de productie van de lootjes. Daardoor stond op elk briefje dezelfde naam. Toevallig de mijne: Hugo. Blijkbaar konden we toch best aardig een geheim bewaren, want deze zaak kwam pas aan het licht door oplettendheid van de eigenaar van de platenwinkel in het naastgelegen Terborg. Twee dagen nadat hij het album *Fly Like an Eagle* van de Steve Miller Band aan Yolanda had verkocht, kwam Prisca in de winkel. Zij vroeg om precies dezelfde plaat. Enfin. Allemaal gedoe, excuses, een nieuwe trekking en een dikke roe van Sinterklaas. Dat zou allemaal pas acht jaar later gebeuren.

Nu het heerlijk avondje eindelijk was gekomen

moesten we op Gemma en vader wachten. Gemma was bij de bakker en vader lag languit op de keukenvloer. 'Gaan jullie maar zolang puzzelen in het hok,' zei moeder, 'want dit gaat nog wel een tijdje duren.' Dat hok was een overdekte ruimte tussen schuur en keuken. Als het er comfortabeler was geweest, hadden we het bijkeuken genoemd. Maar er was geen verwarming, de vloer bestond uit stoeptegels, en de binnenmuren waren de ruwe buitenmuren, inclusief kozijn en vensterbank, van de aangrenzende vertrekken. Zelfs Lexi wilde er niet slapen. De enige meubelstukken waren twee dubbele schoolbanken die vader van school had meegenomen. Daar bogen we ons verplicht over een triplex plaat met daarop een legpuzzel van duizend stukjes met een afbeelding die te veel lucht had. Dat was bij de meeste legpuzzels het geval. Vader had een theorietje over al dat blauw. Volgens hem was dat de enige manier waarop de fabrikant heel groot zijn logo op het deksel, dat ook het voorbeeld was, kon plaatsen. Want als daar toch dezelfde kleur lucht achter zat, miste je het voorbeeld ook niet. We begrepen niet wat hij daarmee bedoelde. Moeder had hier nog een keer een vriendelijke boze brief over geschreven naar de firma Ravensburger. Gekscherend had ze die 'luchtpost' genoemd. Agnes vond dat belachelijk, en wij sloten ons bij haar aan. Toen echter enkele weken later de postbode aanbelde om een pakketje van Ravensburger, helemaal uit Duitsland, te overhandigen, waren we allemaal opgewonden en viel onze gelegenheids-coalitie direct uit elkaar. Tergend langzaam maakte moeder 's avonds het pakketje open, en daarbij lette ze goed op dat de buitenlandse postzegels niet beschadigd werden. Ze genoot van haar *finest hour* en toen de legpuzzel – want dat was het inderdaad – zichtbaar werd, schoot ze in de lach. Op de afbeelding was dan wel bijna geen lucht te bekennen, driekwart ervan bestond uit zee, met in het midden een Russische driemaster. Diep teleurgesteld waren we naar bed gegaan.

Nu zaten we ons op de mooiste avond van het jaar te verbijten met alleen nog maar blauwe kutstukjes. Dat woord zeiden we nooit hardop, zeker niet als moeder in de buurt was, maar sinds Guido had ontdekt dat kutstuk van achter naar voren geschreven hetzelfde was, behoorde het tot ons puzzelidioom. Vader zei dat het een palindroom was, net als lepel. Meer keerwoorden wist hij niet. Twee was volgens hem genoeg. Peter wist er nog een: lul.

Terwijl wij zaten te verkleumen in het hok, steeg de gevoelstemperatuur in de aangrenzende keuken. Daar lag vader languit op de vloer. Zijn hoofd bevond zich in het keukenkastje onder de gootsteen, op de vaste opbergplek van afdruiprek en afwasbak. Door de opstaande vloerplint van dat kastje zat zijn bovenlichaam in een rare knik. De afvoer was weer eens verstopt. Dat gebeurde zeker drie keer per jaar. Uit het keukenkastje kwamen minutenlang allerlei onheilspellende kreten. 'Muurvast, godver, past niet, au!, godver.' Het tafereel had een onweerstaanbare aantrekkingskracht op Lexi. Enthousiast sprong het beest over vaders buik en kwispelend duwde ze haar natte snuit richting vaders gezicht in het keukenkast-je. Die was daar duidelijk niet van gediend. 'Wheoe. Prrellll. Weg! Peter, pak die rothond.' Peter trok Lexi aan haar kont naar achteren en duwde het zwarte monster achter de schuurdeur. Ttpfff, ttpff, klonk het nu vanuit het kastje. Ondanks zijn ongemakkelijke horizontale en ruggelingse positie wist vader enkele keren kort en krachtig te spugen, zoals hij dat ook deed wanneer hij een Caballero had opgestoken en de tabaksrestjes van tong of lippen kwijt moest. Wat hij nu wegspuwde konden we niet zien, maar het kwam of van Lexi, of van de verstopte afvoer. Vader ging onverdroten verder. 'Verrek. Toch wel, ja, heb-bes!' Net voordat moeder kon vragen of het ook zon-der 'godver' kon, kwam vader uit de kast. 'Hier, dit is hem. De zwanenhals.' Met een rood aangelopen hoofd hield hij trots een smoezelig gekromd stuk pvc in de lucht. Niemand was onder de indruk van zijn trofee. 'Helemaal verstopt. Hoe vaak heb ik wel niet gezegd dat je niet alles zomaar in de afvoer kunt gooien?' Het antwoord op die vraag wist hij waar-schijnlijk alleen zelf. Wat verwachtte hij nu? Dat we met alle gezinsleden zouden inventariseren hoe vaak we ieder afzonderlijk die afvoertip hadden gekregen, vervolgens de uitkomsten zouden optellen om daarna met een eensluidend antwoord te komen? Omgekeerde wereld. Voor het antwoord moest hij maar in zijn eigen geheugen graven. Blijkbaar zag vader ook in hoe mal zijn vraag was, want zonder het antwoord af te wachten begon hij de hals schoon te maken. Daarna kroop hij terug in het kastje, vroeg Peter om de kraan open te draaien, en riep tegen niemand in het bijzonder: 'Vakwerk!' Eindelijk, dacht moeder, en ze zei: 'Mooi, nu alleen Gemma nog.' 'Ik ga nu de bakker bellen!' zei vader.

Iets na negenen kwam Gemma thuis. Zij had een bijbaantje bij een van de bakkers in het dorp en droeg twee grote tassen met brood. Daardoor leek het alsof ze in natura werd uitbetaald. Gemma haatte chaos en was gesteld op harmonie. Net als moeder hield ze van lang aan tafel zitten en ook verheugde ze zich op een lange sinterklaasavond. Van haar mocht die tot heel laat duren. Wij waren meer van vaders vlotte model. Daarom had Gemma een simpele, maar effectieve strategie ontwikkeld om haar zin te krijgen. Traineren. Ze bleef op feestdagen zo lang mogelijk bij de bakker werken, om pas thuis te komen als de avond al halverwege was. Wachten op Gemma, dat was onze decembertraditie.

Moeder warmde nog gauw wat zuurkool voor

haar op. Ze zocht een Bona-kuipje waar ze wat jus in had gegoten om te bewaren. Dat had ze op het aanrecht gezet. Vader verschoot van kleur. Hij had dat oude kuipje zonder na te denken leeggegooid. In de afvoer. Hij zweeg. Verstandig. 'Ik word blijkbaar oud,' concludeerde moeder. Na die ongewild optimistische voorspelling staakte ze haar zoektocht. Gemma mopperde dat er voor haar geen worst en jus was bewaard, waarop vader maar weer eens zijn favoriete dooddoener 'Op is op' te berde bracht. Zo traag mogelijk at ze haar bord leeg. Pas toen klonk eindelijk moeders 'Wie haalt de zakken?' en stoven zeven kinderen tegelijk naar boven.

Naar oma's

'Jullie gaan wél mee, want het kan weleens de laatste keer zijn.' Ondanks de stemverheffing maakten vaders dreigende woorden weinig indruk. Hij zei dat namelijk altijd als we naar oma's moesten en geen zin hadden. Oma's, meervoud, want als we naar de ene gingen, pakten we de andere meteen ook mee. Kleine moeite, want ze woonden in dezelfde straat in Horssen, een gehucht in het Land van Maas en Waal, tachtig kilometer bij ons vandaan. Uurtje doorbijten in de volle en doorrookte Fiat. Moeder hield niet van verwijzingen naar de dood. 'Jacques, doe niet zo cru!'

'Maar dat is toch zo?'

'Mijn moeder leeft nog heel lang, hoor.'

'Helaas wel. Grapje, Riet.'

'Ja. Leuk. Zo kan ie wel weer.'

Vader speelde met vuur, dat was wel duidelijk. Blijkbaar hoorde hun onderlinge gekibbel dat aan familiebezoek voorafging er gewoon bij, want het was er altijd. Prisca en Yolanda liepen nog in hun pyjama en gaven niet de indruk al enige aanstalten te gaan maken. 'We hebben niet eens een nieuw rapport,' zei Prisca. Dat was een steekhoudend argument. De mogelijkheid om je rapport aan de oma's en vele ooms en tantes te kunnen tonen was tenslotte het enige wat familiebezoek interessant maakte. Zeker gezien het feit dat vader uit een gezin van maar liefst veertien kwam en moeder zes broers en zussen had. Helaas kregen we minder vaak een nieuw rapport dan dat we naar Horssen gingen.

'Zoek maar een paar oude rapporten. Desnoods van Gemma of Agnes,' zei vader. 'Dat hebben oma en ome Jan toch niet in de gaten.' Goed idee. Moeder vond dat je zoiets niet kon maken, maar hielp desalniettemin mee zoeken. Irma kreeg een oud rapport van Gemma, Yolanda een van Prisca en de rest nam een oud rapport van zichzelf mee. 'Iedereen in de auto,' zei vader. Daarna liep hij naar het trapgat en schreeuwde: 'Riet, we gaan.' Moeder liet zich echter niet opjagen bij het toilet maken. Jammer, want dat betekende geheid dat ze met een adembenemende grote wolk eau de cologne in de auto zou plaatsnemen.

Mijn zussen stonden naast de auto te treuzelen. Dat was niet zonder reden. Wie als eerste instapte kon een plaatsje bij het raam wel vergeten en moest in het midden zitten. Een rotplek, omdat je daar je benen nooit kwijt kon vanwege een grote bobbel. En met vier man op de achterbank, dus twee in het midden, was dat helemaal lastig. Het ergste was nog dat die bobbel helemaal nergens goed voor was. Het was lege ruimte. Irma had dat na een weddenschap met vader zelf gecontroleerd aan de onderkant van de auto. Vader wist niets van auto's, maar beweerde wel stellig dat in de bobbel, door hem compartiment genoemd, handrem- en koppelingskabels zaten. 'Er zit niks, alleen maar lucht,' had Irma onder de auto vandaan geroepen. Of dat de waarheid was betwijfelde vader, en wij eveneens, maar om zelf ook onder de auto kruipen ging hem te ver. Ook omdat Irma de inzet van de weddenschap, een rol Italiano, toch nooit zou kunnen betalen. Moeder vond vaders verlies wel amusant, al kapseisde haar humeur toen ze zag wat Irma's kijkoperatie met haar zondagse jas had gedaan.

Op mijn plekje, de voetenmat voor de bijrijdersstoel, hoefde ik me niet bezig te houden met luxeproblemen zoals 'Waar laat ik mijn benen?' Ik had helemaal nergens ruimte voor, en moest alleen goed opletten als moeder instapte. Vooral wanneer ze hakken droeg. 'Komt er nog wat van?' riep vader. Niet dus. Pas na de belofte dat op de terugweg de plekken omgeruild zouden worden stapten de dwarse meiden in.

Precies op het moment dat ook moeder wilde instappen en het portier opende, zette vader de Fiat in zijn achteruit. Ondanks de schrik bleef ze nog net overeind. 'Jacques! Wat doe je?!' Van opzet was geen sprake. Integendeel. Vader wilde slechts een klein stukje achteruitrijden naar het begin van de oprit, omdat daar aan beide kanten van de auto genoeg ruimte was om in te stappen. Hoefde moeder zich niet langs de hedera te wurmen die de zijkant van ons huis bedekte. Deze klimop, die meer hing dan klom, werd door iedereen gehaat. We konden geen fietsen meer tegen de muur zetten, kaatsenballen was onmogelijk, de autolak leed eronder, het ijzerdraad dat de takken naar boven begeleidde liet vaak los en moeder kon dus nooit meer normaal instappen aan de kant van de bijrijdersstoel. Tenzij vader de Fiat achteruit zou inparkeren. Moeder had dat weleens voorgesteld, maar dan zou híj met het probleem zitten.

Toch zat de klimop er niet voor niets. De bladeren camoufleerden de opvallende lange houten bekisting waarmee vader een verticale lichtgrijze pvc-buis aan het oog wilde onttrekken. Die buis was een door hem gemaakte illegale aftakking van de waterafvoer. Of die echt illegaal was wisten we niet, in ieder geval klonk het reuze spannend. Het was een noodoplossing geweest, na een klusje met een wasbak dat hij vooraf een fluitje van een cent had genoemd. De praktijk bleek echter toch iets weerbarstiger en leverde een groot lelijk litteken van pvc op aan de zijgevel. De bekisting was nog opvallender dan de buis, maar dat kon je beter niet hardop zeggen. Alleen in de lente en zomer werd dat gedrocht – zo noemde moeder het – door de klimop aan het zicht onttrokken.

Vader verontschuldigde zich. Nadat op zijn uitdrukkelijke verzoek ook de achterbank was bekomen van de schrik (lees: was uitgelachen) stapte moeder alsnog in. Daarbij vergat ze dat haar beenruimte al bezet was, en plantte ze haar linkerknie tegen mijn rechteroorschelp. 'Au!' riep ik, en ik greep naar mijn oor. 'Och, Huugje. Ik had je helemaal niet gezien en was je vergeten. Gaat het een beetje?' Fijn dat ze me niet vergeten was en wél had gezien, want dan was het opzet geweest, dacht ik terwijl ik me opwond over dat kinderachtige Huugje. Daar zouden die aardige zussen me de rest van de dag wel mee pesten. Wat nu? Me groothouden om niet af te gaan bij mijn zussen, of het drama wat aanscherpen? Dat laatste leverde ongetwijfeld troostsnoep op uit moeders grote bruine handtas. Voordat ik de knoop had doorgehakt, had moeder al een handvol Haagse hopjes uit haar tas opgediept. Ik haatte hopjes en had op Rang gehoopt, maar hoe minder snoep er naar de achterbank ging, hoe beter. Mijn oor gloeide; ik voelde dat het knalrood was en wist zeker dat moeder zou zeggen dat je er niets van kon zien.

'Kunnen we nu eindelijk eens gaan,' zei vader na-

dat hij een Caballeropeukje uit het raam had gegooid. 'Dat wil ik niet meer zien,' zei moeder, en ze
stak een Stuyvesantje op. Bij het terugplaatsen van
de autoaansteker viel er wat as op mijn hoofd. Ik
merkte dat omdat ze opeens door mijn haar begon te
wroeten.

Silvolde was klein, maar een wereldstad vergeleken met Horssen, het geboortedorp van zowel vader
als moeder. Daar woonden niet alleen oma Hoes en
oma Bernts, maar ook verschillende ooms en tantes
plus hun kinderen. Opa's had ik niet. Omdat zowel
vader als moeder uit een groot gezin kwam, woonden er in de directe omtrek van Horssen tientallen
familieleden. Verschillende ooms en tantes had ik
dubbel of zelfs in drievoud. Drie ome Wims, drie
tante Annies, en twee ome Pieten. Zou ik moeder
meerekenen, dan kwam ik ook op een trio tante Rie-
ten. Het aantal neven en nichten was ontelbaar. Als
we naar Horssen gingen, kwamen we om in familie.
Een rare ervaring. Terwijl we in Silvolde geen familie hadden, leek op ruim een uur rijden iedereen familie. We noemen het Hoes-dorp, al was moeder het
daar niet mee eens. 'Er wonen net zoveel Berntsen.'
In Horssen had ooit de burgemeester telefoonnummer 1 en het huis van mijn moeder 2. Zo klein was
het. Het gekke was dat het wel een zelfstandige gemeente was, en dus ook een raadhuis had. Dat zat
ons, zelfs vader, altijd een beetje dwars, want in Sil-

volde hadden we geen gemeentehuis. 'Kan nooit lang meer duren,' zei vader, 'dan moeten ze ook fuseren.' Die geruststellend bedoelde woorden kwamen nogal onheilspellend over.

Na een kilometer of twintig deed vader zijn autogordel om en zei: 'Riet, vergeet je riem niet.' Nog vijftien kilometer verder, op het Velperbroek-circuit bij Arnhem, begon hij voor de zoveelste keer vol enthousiasme te vertellen dat daar ooit een fly-over zou worden gebouwd. 'Dan kunnen we zo doorrijden naar Amsterdam. Net als alle Duitsers.' Niemand luisterde naar zijn planologische schets. Vader was blijkbaar gek op dat woord: fly-over.

Op de achterbank vermaakte men zich een groot deel van de reis met het spelletje 'Ik zie, ik zie wat jij niet ziet, en het is...?' Toen de kleur voor de vijfde keer rood was, en het antwoord weer Hugo's rechteroor, vond vader, die al eerder had gewaarschuwd, het wel genoeg geweest. Op het gevaar af van de weghelft te raken, of zich te verrekken maaide hij met zijn rechterarm hard en snel naar achteren. Vanaf dat moment was het gebeurd met 'Ik zie, ik zie' en bleef het stil in de auto.

Net voor de bebouwde kom van Horssen kwam het moeilijkste moment. De gemeente had daar als snelheidsbeperkende maatregel de, voorheen rechte, doorgaande weg voorzien van twee haarspeldbochten. Vader had nooit kunnen wennen aan die in-

greep in het vertrouwde wegpatroon van zijn geboortedorp. Altijd zag hij de gewijzigde situatie te laat, en
het was puur geluk dat we daar nooit uit de bocht
zijn gevlogen. Niet dat de slingerende bewegingen
van de Fiat zonder gevolgen bleven. De wagenziekte
die in de rokerige auto al een uur lang bij Yolanda
en Irma latent aanwezig was, werd opeens manifest.
Met zeven inzittenden was het vervolgens nog een
heel gedoe om op tijd buiten de auto je maag te legen. Gelukkig zat daar op de heenweg meestal niet
zoveel in. Moeder had nog een keer voorgesteld om
degenen die last van wagenziekte hadden een raamplaats te geven. Die maatregel werd echter snel weer
ingetrokken nadat Prisca ging simuleren. Dat deed ze
een keer zo goed dat ze echt moest overgeven. Vanaf
haar raamplaats was ze gelukkig snel de auto uit,
waardoor een hoop ellende voorkomen werd. Omdat
ik tussen moeders benen geen enkel zicht naar buiten
had, kwam de slinger voor mij altijd als een complete
verrassing. De beloofde waarschuwing kwam namelijk nooit. Wel achteraf altijd het 'Gaat het Huugje?'.

Rond het huis van oma Hoes, een nooit verbouw-
de woonboerderij, stonden altijd auto's. Die verklap-
ten wie er al binnen waren. Opgetogen begon vader
de namen op te noemen: 'Gert en Riet zijn er ook.
Wim en Annie. Die Opel' – het was een Ford – 'is
van Toon en Cis. Daar staat de Mercedes van Nol
en Lies.' En zo ging hij nog even door. Moeder glun-

derde. Ome Toon en ome Wim waren beiden bakker, en dat betekende dat er zeker twee dozen met gebakjes in de keuken zouden staan. Op de achterbank was na het horen van al die namen het animo om uit te stappen totaal verdwenen. Die volle parkeerplaats betekende dat er ook zeker twintig neven en nichten aanwezig waren. Die kenden elkaar allemaal goed omdat ze dichter bij oma woonden en dus vaker samen speelden. Daarnaast spraken ze onderling het lokale dialect. Voor ons een geheimtaal die, niet onterecht, voor veel argwaan zorgde. 'Zo, daar zijn we al weer.' Niemand misbruikte het woord 'al' zo vrolijk als vader. 'Uitstappen.' Terwijl ik zelf mijn rode oor allang vergeten was, werd ik er even later, door moeder nog wel, weer pijnlijk aan herinnerd. 'Je ziet er niets meer van,' zei ze terwijl we het grindpad op liepen. Moeder zag het dus, anders was ze er nooit over begonnen.

Met een hartelijk 'A da zedde gullie ok' werden we verwelkomd door oma Hoes. 'En wor is ons Sjak?' Moeder zei dat vader eraan kwam. Hij stond nog achter het huis bij het speciaal gebouwde pismuurtje ouwehoerend te wachten tot ome Toon daar klaar was. Dat muurtje vormde een geïmproviseerd urinoir, waar de rest van de middag om het kwartier een oom zijn blaas kwam legen. 'Och, da geet nog wel,' hoorde ik vader zeggen. Probleemloos viel hij terug op het taaltje uit zijn jeugd en vertelde ome

Toon dat hij de sigaar die van het muurtje was gevallen nog best kon op roken. Een dolletje. 'Doede gij da moar lakker zalf,' antwoordde ome Toon.

Het toilet binnen was alleen voor vrouwen en kinderen. Stromend water ontbrak, en daarom stond er altijd een emmertje met water naast de pot voor het spoelen. Natuurlijk was dat emmertje vaak leeg, vooral wanneer er veel bezoek was. Dan moest een van ons bij de wc-deur een leeg emmertje aanpakken van een tante, dat vullen, en vervolgens weer terugbrengen. Niets was zo gênant als dat, dus daar werkten we niet aan mee. Roepende tantes hoorden we zogenaamd niet. Moeder vond dat kinderachtig. 'Het is gewoon water, hoor.'

Oma Hoes was dik in de tachtig en leek op een grootmoeder uit een oude cowboyfilm. Heur haar zat in een grote knot, en volgens Prisca was het heel erg lang. Ze droeg altijd een schort en was aan één stuk door in de weer met groente en fruit uit haar enorme tuin. Dat belandde allemaal in glazen potten, waarvan wij in de kelder de rode elastieken af haalden. Daar maakten we samen met een leeg schoenpoetsblikje en wasknijpers een ratel van voor in de spaken van een fietswiel. In de keuken, die net zo authentiek was als de rest van haar huis, zaten een tante of zeven rond twee dozen met taartjes. Terwijl oma kopjes en schoteltjes stond af te wassen, dronken zij moezel en sherry uit limonadeglaasjes. Moeder loog dat ze al koffie had gehad, en nam ook een moezel. Tante Cis vroeg wat er met mijn oor was gebeurd. In de woonkamer zaten de ooms te roken, te drinken en te schreeuwen. Bij gebrek aan glazen dronk men bier uit koffiekopjes. Veel voeten lagen op tafel. Die van ome Gert rustten op de gietijzeren kachel, de instappers bungelend aan zijn tenen. Een fascinerend gezicht; ik kon er mijn ogen maar niet vanaf houden. Die schoenen leken namelijk elk moment te kunnen vallen. Echter, telkens als ze alleen nog maar aan het puntje van zijn grote teen hingen wipte ome Gert ze met een klein schopje weer om de hele rij tenen. Vooral met rechts was hij goed. Opvallend waren ook zijn sokken; daar zaten geen gaten in.

Iedereen voelde zich heel erg thuis. Zoals altijd stond de kleurentelevisie, het enige moderne meubelstuk, de hele dag aan. Zonder geluid, en met de kleuren zo fel dat je eigenlijk niet meer van beeld kon spreken, maar eerder van een vloeistofdia. Oma haalde wat betreft kleur alles uit de kast. Ome Jan zat op zijn vaste plek in de hoek van de kamer. Zijn hoofd hing knikkebollend in zijn nek en er liep speeksel langs zijn kin. Af en toe veegde hij dat met een bijzonder vieze zakdoek weg, al deed oma dat in het voorbijgaan ook weleens met haar eigen zakdoek. Wij konden hem niet verstaan, maar vader gelukkig wel. Hij leed al zo lang we hem kenden aan een op parkinson lijkende ziekte. Kinderen die hem niet kenden waren soms een beetje bang voor hem. Wij niet. Ome Jan zag er gek uit, maar was het niet. Bij een thuiswedstrijd van de lokale voetbalclub Olympia H had hij een keer een tegendoelpunt voorkomen. Dat gebeurde toen de tegenpartij, Afferden of Deest, een penalty kreeg toegewezen en ome Jan die stopte. Niet als keeper, maar als toeschouwer. Hij stond naast het doel te kijken, en net voor de bal langs de binnenkant van de paal het doel in zou rollen, zette ome Jan zijn voet ervoor. Geen doelpunt, en de supporters van Horssen juichten. Vader zei dat de scheidsrechter die voet volgens de regels als een 'dood voorwerp' moest beschouwen. Het leverde ome Jan een rode kaart op, maar ook een middag gratis drinken. Zijn status in het dorp, die wel een zetje kon gebruiken, was er flink door gestegen. Tegenwoordig zou zoiets hem op een levenslang stadionverbod komen te staan. Talloze malen werd deze anekdote door ooms trots opgerakeld, en het moet ongeveer de belangrijkste daad uit zijn leven zijn geweest. Thuis had vader het er soms nog weleens over. Als hij voetbal keek op televisie, en zijn favoriete team kreeg een strafschop tegen, mompelde hij weemoedig: 'Daar zou ons Jan moeten staan.' Altijd *ons* Jan, nooit onze. Vanwege zijn beperkingen bleef ome Jan bijna zijn hele leven bij oma wonen. Zijn geestelijke en lichamelijke gesteldheid verbeterde nooit meer. En dat kwam goed uit, want anders was de rapportentruc nooit gelukt.

Eerst gingen we met onze rapporten langs oma, meer uit beleefdheid dan uit zakelijke overwegingen. Ze kon de cijfers niet meer lezen en kocht ons alle vijf af met twee kwartjes. 'Hier, vijftig cent, eerlijk delen. Voor in je spaarpot.' Daarna naar ome Jan, met vader als tolk. 'Jan ze hebben alweer een rapport. Wat denk je, is het nog wat waard?' riep vader in zijn oor. Ome Jan glimlachte, kreeg zelfs pretoog-jes en zei: 'Owom. Moho. Owom. Mowo.' Dat werd door vader vertaald als: 'Ik ben reuze benieuwd, en hoop dat jullie rapporten net zo goed zijn als de vori-ge keer. Laat maar eens zien.' Ik schrok: ze wáren van de vorige keer. Een voor een gaven we ons rap-port aan ome Jan. Die keek er twee seconden naar en gaf het daarna weer terug. Irma stootte Prisca aan en fluisterde: 'Let op.' Daarna gaf ze haar exem-plaar, of eerlijk gezegd het door haar geleende rap-port, ondersteboven aan ome Jan. Zonder het om te draaien bekeek hij het, glimlachte, en gaf het weer terug. 'Zei ik toch,' fluisterde Irma. Toen we alle vijf geweest waren trok ome Jan bibberend en traag zijn dikke portemonnee. 'Hij hedde dikste van allemoal,' riep ome Gert. De andere ooms lachten. Onze suike-room vouwde zijn portemonnee, dezelfde als vader had, helemaal open zodat wij zelf konden grabbelen. Niet alleen tussen centen en stuivers, maar er zaten ook guldens en soms zelfs rijksdaalders in. Vader zei dat we niet alles mochten pakken. De centen en drie stuivers bleven liggen. Ome Jan lachte.

Terwijl onze neven en nichten in de grote tuin vermoedelijk plannen smeedden om ons in een prikkende kruisbessenstruik of tegen het pismuurtje te duwen, togen wij naar de snackbar. Vader bleef bier drinken en moeder vertrok na twee moezel naar haar eigen moeder, oma Bernts. Die woonde sinds ze weduwe was in dezelfde straat als oma Hoes. Tussendoor ging ze nog even langs bij haar zus, tante Anna. Wij kwamen daar graag, ook omdat ze een kruidenierswinkel aan huis had. Wilden we koekjes, dan liep ze zo de winkel in om die te pakken. Ook op zondag. Gemma logeerde er soms en mocht dan helpen in de winkel. Oma Bernts was het tegenovergestelde van oma Hoes. Ze woonden op driehonderd meter afstand van elkaar in totaal verschillende werelden. Bernts was ernst.

Bij oma Bernts was alles nieuw en netjes. Ze leek niet zo van bezoek te houden, althans niet van onze komst. De koektrommel bleef dicht en kinderschoenen waren binnen verboden. Ze leek totaal niet op moeder. 'Oma Bernts kan niet zo goed meer tegen drukte,' zei moeder. Twee jaar later zou ze overlijden. Toen vader om vijf uur nog niet bij zijn schoonmoeder was gearriveerd, stuurde moeder ons om hem op te halen. Die was inmiddels aan zijn zesde pijpje Amstel bezig. Dat konden we zien, want alle ooms lieten hun lege flesjes naast hun stoel staan. Nol stond op 5, Gert ook, Wim op 7 en Jan op 1. Ome Toon dronk jenever. Ook uit een koffiekopje. 'Verrek, is het alweer zo laat. Ik moet gaan.' In één teug dronk hij zijn flesje leeg. Daarna stapte hij in de auto en reed met ons naar oma Bernts. Daar hield hij het bezoek zo kort mogelijk. Na vijf minuten – oma zat inmiddels ook te knikkebollen – zei moeder: 'Misschien moeten we maar eens gaan.' Vader veerde op en liep naar buiten. 'Allemaal in de auto.'

De terugweg ging sneller dan de heenweg. Binnen drie kwartier waren we weer thuis. Precies op tijd voor *Sport in beeld*.

Oma Hoes werd 103 jaar en elf maanden.

Kerst

In de hoop dat alle kerstbomen inmiddels zouden zijn afgeprijsd, reed vader met ons, de jongste vier van zijn acht kinderen, pas op het allerlaatste moment naar de kwekerij. Daar bleken de goedkope bomen al weg te zijn. Er stonden alleen nog dure, onafgeprijsd. 'Zei ik toch,' riep Irma, en Prisca en Yolanda echoden haar na. Vader wees naar de grootste boom. 'Vijfentwintig,' zei de kweker. 'En die?' 'Twintig.' Vaders gezicht betrok. 'Tien. Je blijft er anders toch maar mee zitten.' Oei. Bluffen was hier niet de beste strategie, integendeel. Uiteindelijk was vader vijftien gulden lichter en togen we huiswaarts met een prikkerig en plakkerig dennetje en een gratis kerstster voor moeder. Vader zei dat we thuis maar niet moesten vertellen dat die kerstster een cadeautje was. Vreemd verzoek, maar we beloofden heilig niets te verklappen. Moeder vond de boom prachtig, en toen ze het rode krijgertje zag straalde ze zelfs een beetje. 'Gratis,' riepen we in koor, 'bij de kerstboom!'

Alle kerstspullen werden op het tapijt uitgespreid.

Meters engelenhaar, witte lampjes en een groot aantal onbreekbare hardplastic kerstballen. Aan breekbare ballen begon moeder niet meer. En gekleurde lampjes vond ze ordinair. 'Die zijn voor de kermis, niet voor Kerstmis,' had ze gezegd. Wij vonden gekleurde mooier.

Van een kratje Grolsch was met grijs grotpapier een kerststal gemaakt. In die stal, of grot, was het armoe troef. Geen enkel schaap had nog vier poten, Jozef had slechts één been en alle herdertjes zaten vol witte vlekken omdat op veel plekken het gips door de verf kwam. Kindje Jezus miste neus en tenen, en engel Gabriël had maar één vleugel. Het beroerdst was de kameel van de drie koningen eraan toe. Die stond niet op poten, maar steunde op de kale ijzerdraadjes die zijn skelet vormden. Alleen Maria was zo goed als ongehavend.

Nadat alle ballen, slingers en de gebroken piek een plekje in de boom hadden gevonden was het wachten op vader. Kerstverlichting viel onder elektriciteit en dat was zijn pakkie-an. Ogenschijnlijk een klusje van niets. De enige moeilijkheid was het vinden van een verlengsnoer of stekkerdoos om de afstand tussen boom en dichtstbijzijnd stopcontact te overbruggen. 'Gevonden,' klonk het opeens opgelucht, en met een stekkerdoos kwam vader de keuken uit. 'Waar heb je die vandaan?' vroeg moeder. 'Gewoon... uit de garage,' was het antwoord. Dat klonk niet echt overtuigend. Moeder liep de kamer uit en was heel snel weer terug. 'Zie je wel. Uit de keuken. Terug met dat ding.' Vader had de stekkerdoos gepakt waarop de radio in de keuken was aangesloten. Die was nu dood. 'Maar Riet, daar luistert toch nie..' 'O nee? Straks komt Willy Walden met *Raad een lied... of niet.*' Met een brutaal 'Dan luister je toch lekker niet, Riet,' verwoordde Irma ons standpunt en zette ze de boel op scherp. Moeder begon een zin met: 'Als het zo moet gaan...' Voor vader hét teken om in te binden en voor deëscalatie te kiezen. De stekkerdoos ging snel terug naar de keuken, en de boom werd verplaatst. Het snoer van de kerstverlichting haalde nu net het stopcontact, maar hing daarbij strakgespannen op ooghoogte voor de deur tussen de hal en de woonkamer. Die kon nog maar een klein stukje open. Om te voorkomen dat de deur als een boobytrap zou werken, werd deze tijdelijk afgesloten en de sleutel verstopt. Waarschijnlijk op het dressoir, want daar lag hij ook altijd tijdens ouderlijke verjaardagen. Dan werd dezelfde interne verkeersmaatregel genomen.

Nu alle voorbereidingen getroffen waren ging de stekker er weer uit, de gordijnen gingen dicht en ook alle normale verlichting werd uitgeschakeld. Vader stond met de stekker in de hand bij het stopcontact klaar om de feestverlichting te ontsteken. Samen telden we af: vijf, vier, drie, twee, een, nul. Er gebeurde

niets. Door de kamer klonk een welgemeend 'Godver' en dat werd zoals altijd gevolgd door een verma-
nend 'Jacques!' van moeder. In de korte periode tussen testfase en onthulling van de boom had iemand
(Irma?) een lampje losgedraaid, waardoor ook de rest
het niet meer deed. Die grap zou tijdens de kerstda-
gen nog vaak herhaald worden.

Om negen uur vertrok moeder met Gemma en
Agnes naar de nachtmis. Die begon al om 22.00 uur
en eindigde net voor middernacht. Agnes had geen
zin maar moest toch mee. Ze wist dat ze bijna een
uur te vroeg bij de kerk zouden arriveren. 'Je kunt
nooit te vroeg in de kerk komen,' had moeder gezegd. Vader was het daar volstrekt niet mee eens,
maar beaamde dat hardop in de hoop het drietal
sneller de deur uit te krijgen.

De rest van kerstavond lag hij in zijn favoriete
stoel te slapen voor de televisie. Hij had slechts één
opdracht: zorgen dat de broodmaaltijd klaarstond als
de kerkgangers thuiskwamen. Niets waar moeder
zich meer op kon verheugen dan verse broodjes en
koffie na de nachtmis. Toen om kwart voor twaalf
het testbeeld van de televisie overging op sneeuw,
schrok vader wakker van het geruis.

Hij riep Irma en Prisca en commandeerde: 'Tafel
dekken.' Om 0.00 uur stond alles klaar. Na een on-
navolgbare discussie bij het koffiezetapparaat over
aantallen streepjes, kopjes en schepjes was er zelfs

verse koffie. Toen gingen alle lichten uit, zelfs die van de kerstboom, en posteerde iedereen zich bij een lichtknop. Ideetje van vader. Even later hoorden we buiten Agnes, Gemma en een mopperende moeder aankomen. 'Tjee, alles donker... naar bed... nog zo gezegd... maken zelf wel iets.' Precies op het moment dat de keukendeur openzwaaide deed vader het keukenlicht weer aan en riep luid: 'Vrolijk kerstfeest!' Het effect was overweldigend en veel specialer dan voorzien. Hond Lexi begon keihard te blaffen, Agnes gilde en moeder struikelde over de stekkerdoos die vader dezelfde middag had geleend, maar niet goed had opgeruimd. Daarbij viel ze half over de keukentafel en belandde met haar rechterelleboog in een vierkante oranje afwasbak vol geprakte aardappelen, stukjes appel en slasaus. Dit mengsel zou de volgende dag aangevuld met draadjesvlees, uitjes en stukjes augurk als koude schotel op tafel komen. 'Mijn jas. Kijk nou, die mouw,' riep moeder. 'Gelukkig geen bietjes,' zei vader, die zich toch enigszins ongemakkelijk voelde met de hele situatie. Niet vanwege de verrassingsgrap, die was volgens hem prima geslaagd. Wel over het feit dat hij, na eerder die avond te hebben gesnoept van deze saladebasis, vergeten was de theedoek weer over de afwasbak te leggen. Moeder ging 'iets proberen met Biotex'. Even later schoof ze bij vader, Agnes en Gemma aan tafel en genoot.

Eerste kerstdag duurde eindeloos. In onze zon-

dagse kleren speelden we vadertje, moedertje en dok-
tertje met de cast van de kerststal. Moeder was druk
in de weer met het kerstdiner. De koude schotel was
vanuit de afwasbak in twee langwerpige schalen geschept, gladgestreken en gegarneerd met plakjes
hardgekookt ei. Met een tube tomatenketchup was
daar met kinderlijke rode letters 'Vrolijk' op geschreven. Ergens bij moeders instructie was er iets misge-
gaan en daardoor stond op beide schalen 'Vrolijk',
met als gevolg dat er in plaats van 'Vrolijk Kerstfeest'
nu 'Vrolijk Vrolijk' op tafel zou komen. Irma en Prisca, die dit eervolle karweitje hadden mogen uitvoe-
ren, gaven elkaar de schuld. Vader vond het wel vrolijk staan. Moeder maakte zondagse soep met
hetzelfde draadjesvlees dat in de koude schotel zat.
Onze belangstelling ging uit naar het toetje: Trixie
met slagroom. Die slagroom kwam uit een doosje
met poeder en heette Klop-Klop. Dat was onbeperkt
houdbaar, en in de markt gezet met een reclamefilm-
pje van een veel te vrolijk gezin. Trixie was rood en
glibberig en bestond uit gelatine en water. Gek spul,
dat meestal werd geserveerd in mooie vormen. Bij
ons waren dat drie grote visvormige schalen en twee
kleine kuikenvormpjes speciaal voor Yolanda en mij.

Normaal aten we om halfzes, maar met kerst al
om halfvier. Dat belachelijke tijdstip leek niet gepland, al was het toevallig wel precies dertig minuten
nadat vader had geroepen: 'Riet, hoe lang duurt het

nog?' Nooit zaten we met z'n tienen tegelijk aan tafel. Daarvoor was de keuken veel te klein. We aten
altijd in groepjes verspreid door het huis, en waren
niet anders gewend. Ook met kerst. In de keuken vader, moeder, Agnes en Gemma. Dat was de nette,
ook wel de grotemensentafel genoemd. Peter en Guido zaten in de woonkamer met het bord op schoot
voor de televisie en wij, de jongsten, zaten aan twee
dubbele schoolbanken in de bijkeuken die we het hok
noemden.

Voordat vader aan tafel ging deed hij zijn overhemd uit. Dat was geen kersttraditie, maar een dagelijkse gewoonte. Daarna maakte hij in zijn onderhemd een rondje langs de verschillende tafels waar
wij allemaal klaarzaten met onze armen in de lucht.
In hoog tempo trok hij zeven zondagse shirts en
blouses over onze hoofden uit. 'Zo, dat is beter,' zei
vader. Op Agnes na – zij mocht haar shirt aanhou-
den – zaten we allemaal in ons hemd. Eerst kwam de
soep. Die werd door vader net zo heet gegeten als hij
werd opgediend en dat kon onmogelijk zonder te
slurpen. Vader hield van snel eten. Wanneer hij een
volle lepel soep naar zijn mond bracht tuitte hij al in
een vroeg stadium zijn lippen, en daarbij maakte hij
niet alleen een zuigend geluid, hij zoog ook echt. In
eerste instantie alleen lucht, maar als zijn lepel nog
slechts een centimeter of vijf van zijn mond verwijderd was kwam er ook vloeistof mee. Een dun straal-

tje zwaartekracht tartende zondagse soep sloeg dan heel even een bruggetje van de lepel naar zijn mond. Diep onder de indruk sloegen we dit gaande. Zo heet. En zo ver. Zelf kwamen we nooit verder dan een centimeter, en dan morsten we ook nog. Moeder vond slurpen smerig en liet dat duidelijk merken. 'Jacques toe, het is kerst.' 'Maak die soep dan niet zo heet,' zei vader, die zijn bord al leeg had voordat moeder de eerste hap genomen had. Vader had inmiddels de V van VROLIJK op zijn bord geschept. Wij worstelden nog met de soep. Het bord moest leeg, want anders zou de volgende gang in de soepresten belanden. En Trixie was met geen enkele andere gang te combineren.

Moeder at graag op een normale manier. Wij noemden dat sloom en alleen Gemma had datzelfde trage tempo. Na vijf minuten kerstdiner was de situatie als volgt. Vader had inmiddels ook al een R op. Guido en Peter waren met hun tweede gang bezig en hadden zo opgeschept dat op de eerste schaal alleen nog 'lijk' stond. Wij bliezen onze laatste happen soep koelte toe en Lexi slurpte Irma's bord leeg. Gemma en moeder sloegen een kruis, wensten iedereen smakelijk eten en formuleerden nog een moeilijke zin met Jezus, spijs en zegen. Zij zouden hun achterstand nooit meer goed kunnen maken. Om de tijd te doden deed vader met veel kabaal vast een deel van de vaat. Nadat moeder haar laatste hap soep had genomen, griste hij het bord onder haar neus vandaan, vulde dat met salade, zette het weer op tafel en meende de kelder in te kunnen duiken op zoek naar Trixie, ook zíjn lievelingstoetje. Daar stak moeder een stokje voor. 'Jacques Hoes, kun je nou niet eens een keer rustig blijven zitten?' Ze noemde hem bij voor- en achternaam, dus was het haar ernst. Vader ging snel zitten. Zei dat ie nog nooit zo lekker had gegeten, en mijmerde iets over zijn laatste witte kerst.

Toen iedereen, behalve natuurlijk Gemma en moeder, klaar was met het hoofdgerecht kon de Trixie doorkomen. Agnes mocht in de kelder de rode vissen en kuikentjes gaan halen. 'De kuikens!' klonk het opeens paniekerig. Agnes kwam boven met twee lege schaaltjes. Yolanda en ik begonnen te huilen. Onze kerstkuikens waren weg. Opgegeten door iemand anders. 'En de vissen?' vroeg vader. Die bleken gelukkig onaangeroerd. Prisca en Irma hielden zich opvallend stil en dat was niet zonder reden. Zij hadden eerder die middag stiekem de sleutel van de afgesloten haldeur gepakt. Daarna waren ze langs het snoer van de kerstverlichting de kelder in geglipt. De kuikendieven moesten voor straf afdrogen terwijl vader afwaste. Die was daarmee al klaar voordat moeder en Gemma hun toetje op hadden. Dat zat hem niet lekker, en hij bleef loeren tot hij ook hun borden en bestek kon innemen. Vader riep dat 'het alweer bijna vijf uur was'. Dat loog hij, maar Gemma en moeder gaven zich over omdat *Sissi* om die tijd begon.

Om halfvijf was alles weer opgeruimd en riep vader: 'Zo. Wie gaat er mee wandelen?' Rare vraag; we gingen nooit wandelen. 'En *Sissi* dan?' vroeg moeder, die de uitnodiging nogal verdacht vond. Razendsnel liet vader alle namen van zijn dochters en de huisdieren door zijn hoofd gaan. Geen Sissi. 'Wie is dat nu weer?' vroeg hij. 'De keizerin, Sissi. Die komt om vijf uur.' Vader reageerde niet.

'En waar lopen we dan heen?' vroeg Agnes terecht. 'Gewoon, nergens heen, dat is wandelen.' Iedereen vond dat een volslagen idioot idee, maar wilde het weleens meemaken. Even later stonden we buiten. 'We gaan,' zei vader en hij bewoog naar rechts. Prima keuze, waar eigenlijk niets op aan te merken viel. Maar daar dachten moeder, Agnes, Peter, Guido, Gemma en Prisca heel anders over. Alleen Irma, Yolanda, Lexi en ik volgden vader. De rest bleef staan en wilde blijkbaar linksaf. 'Komen jullie nog?' zei vader enigszins geïrriteerd. Het schemerde en het was best koud. 'Waarom niet naar links? vroeg Agnes. Nog geen meter gewandeld, en daar gingen we al. Of beter gezegd: daar strandden we. Bij de eerste keuzemogelijkheid al een impasse, en iedereen wist dat die heel lang kon gaan duren. 'Ik dacht: we gaan hier rechts – lopen we langs de molen, richting de kerk. Misschien kunnen we daar nog even naar de kerststal kijken en anders lopen we door naar huis. Mooi rondje,' zei vader. 'Als je dat allemaal al weet, is het toch geen wandelen meer?' zei Agnes, die van alle kanten bijval kreeg. 'Nou goed, dan gaan we linksaf. Langs het bejaardencentrum, richting de Markt en via de kerk weer terug. Maakt mij niet uit,' zei vader. 'Nu doe je het weer, Jacques,' zei moeder, 'laat ze nou zelf kiezen.'

Uiteindelijk sloegen vier kinderen met moeder links af, en de rest, inclusief Lexi, ging naar rechts. Probleem opgelost, maar niet voor lang. Bij de eerstvolgende splitsing ontstaat dezelfde discussie. Wat een fiasco. Niemand was blij en iedereen, behalve vader, ging zo snel mogelijk weer naar huis. Vader liet zijn wandeling niet verpesten en bleef een uur flink doorstappen. Moeder keerde bezorgd achter de kinderen aan huiswaarts. Tot haar grote vreugde bleek *Sissi* pas om zeven, en niet om 17.00 uur te beginnen. Eerst kwam het kerstcircus van Billy Smart nog. Ze maakte chocolademelk en sneed een overgebleven halve kerstkrans in acht stukjes. Met z'n negenen zaten we voor de televisie en keken vol bewondering naar een olifant op een driewieler. Hond Lexi werd geroepen. 'Goed opletten, dat kun jij ook leren,' zei Yolanda. Moeder overzag het vredige tafereel en was gelukkig. Kerst was begonnen. Pas toen ze de voordeur hoorde opengaan miste ze vader. Die riep hard: 'Brr, brr, fris', en: 'Mmm, koffie, lekker, Riet', en hing zijn jas op. Geen seconde dacht hij aan het snoer van de kerstverlichting, en met een ferme zwaai gooide hij de deur naar de woonkamer open.

Vals geld

'Wie doet er mee?' De vraag komt van Gemma. Ze staat in de deuropening en in haar handen heeft ze een zwarte doos die met plakband aan elkaar hangt. Daarin zit het bekende bordspel monopoly. De oudste versie met bankbiljetten van 1 tot 500 gulden. GEZELSCHAPSSPEL, staat erop, en dat betekent maximaal een halfuurtje vermaak en aansluitend de rest van de dag ruzie. 'Ik,' roep ik meteen. 'Jij bent te klein,' antwoordt Gemma. Daar is moeder het niet mee eens. 'Laat die jongen toch meedoen. Hij kan dat best, en anders help ik help hem wel.' 'Nee, daar komt niets van in. Met z'n tweeën één pionnetje, dat is niet eerlijk,' zegt Gemma. 'Dan doe ik zelf wel mee.' Die opmerking van moeder slaat in als een bom, want als zij meedoet verandert alles. Dan gaat het spel drie keer zo lang duren, mag er alleen nog maar eerlijk gespeeld worden en moeten we aan tafel gaan zitten. Moeder houdt er namelijk niet van om languit op haar buik op de woonkamervloer straten te kopen, huisjes te zetten en onder de bank naar de dobbelstenen te zoeken.

'Als zij meedoet, doe ik niet mee,' zegt Irma. 'En ik ook niet,' zegt Prisca. Moeder trekt zich terug, maar heeft nog wel kunnen afdwingen dat ik de bank mag zijn, bij het door Gemma, Irma, Prisca en Yolanda gespeelde monopoly. Vader en de grote jongens zijn naar het voetballen; Agnes houdt niet van spelletjes.

Voordat het deksel van de doos is beginnen de eerste schermutselingen al. Die gaan over de vraag wie met welke kleur pion speelt. Rood is de favoriete kleur van Prisca, en zij vertikt het om met een ander pionnetje te spelen. Vervelend, omdat Yolanda ook rood wil. Zoals altijd is Gemma de verstandigste. Ze pakt het rode en het groene pionnetje, verbergt haar handen achter haar rug en doet alsof ze de pionnetjes van de ene hand naar de andere overbrengt. Dat doet ze natuurlijk niet echt, want het risico dat daarbij iets misgaat is veel te groot. Voor je het weet ligt er een pion op de grond. Daarnaast zou dan al duidelijk worden wat ze in welke hand heeft. Na drie iene-miene-muttes kiezen ze. Prisca heeft rood, met als gevolg dat Yolanda, voordat we begonnen zijn, alweer wil stoppen met het spel. Niet omdat ze groen heeft, maar omdat zij deze pesterij eigenlijk het leukste onderdeel van monopoly vindt. Dat laat ze dus niet zomaar voorbijgaan.

Moeder zegt dat ze niet zo flauw moeten doen en

'gewoon moeten gaan spelen'. Onmogelijk. Dat hebben we nog nooit gedaan.

Als bank mag ik het geld verdelen. Irma heeft tijdens de felle strijd om rood van de gelegenheid gebruikgemaakt om alvast wat bankbiljetten achterover te drukken. Daar zit ze op en niemand die het in de gaten heeft. Ongetwijfeld komt dat zwarte geld tijdens het spel bij een eerste hypotheekcrisis weer tevoorschijn. Blijkbaar verdeel ik het geld niet snel genoeg. 'Je lijkt mammie wel. Laat mij maar,' zegt Gemma en geroutineerd verdeelt ze de bankbiljetten over de vier speelsters. De gouden regel bij elk bordspel is dat degene die het hoogste aantal ogen gooit mag beginnen. Mooie regel, maar bij ons is er altijd wel weer iemand die vraagt wie beginnen mag met het hoogste aantal ogen te gooien. Tja. Gemma roept moeder erbij en legt het probleem aan haar voor. Dat is niet voor het eerst, en ze heeft dan ook direct een oplossing. De jongste, in dit geval Yolanda, moet maar beginnen. Natuurlijk kende iedereen die voorspelbare oplossing. Yolanda gooit vier. 'En nu ben ik,' zegt Prisca, die net even ouder is. Op zich klopt dat wel, maar het betekent ook dat tegen de klok in gespeeld moet worden. En daarna weer met de klok mee, want Irma is de volgende in de reeks. Dat werkt dus niet. De enige oplossing is van plaats wisselen. Dan komt iedereen op leeftijd gerangschikt te zitten, en kan er ook nog eens met de klok mee gespeeld worden. 'Ik had het op alfabet gedaan,' roept Agnes. Logisch, gezien haar naam, maar zij doet niet mee. Irma loopt rood aan. Ze heeft een probleem, en daar zit ze op. Van plaats wisselen is voor iedereen een peulenschil behalve voor haar. Zonder de billen van het tapijt te halen schuift ze met haar illegaal verkregen honderdjes naar de overkant van het bord. 'Denk toch eens aan je goede broek,' moppert moeder wanneer ze haar ziet schuiven. Irma, die een afdankertje van Agnes draagt, heeft wel wat anders aan haar hoofd en hoort haar niet. Enfin, Prisca gooit zes en daarna werpt Irma de dobbelsteen keihard tegen het plafond en roept: 'Het hoogst!' Die grap had iedereen al wel een paar keer gemaakt. Tijdens vakanties waren zo al veel dobbelstenen kwijtgeraakt.

Prisca mocht beginnen, en zeven rondes lang was er zowaar sprake van harmonie in de huiskamer. Vanachter een *Libelle* keek moeder tevreden toe. Ze dacht erover om de trommel met lange vingers te gaan halen. Dat hadden ze wel verdiend, en bovendien had ze zelf ook wel zin in iets lekkers. Haar geluk was helaas al voorbij voordat het met koek bezegeld kon worden, want in de achtste ronde sloeg de vlam in de pan. Dat gebeurde toen Irma opeens over een 'schat' bleek te beschikken en iedereen begreep dat er iets niet klopte. Natuurlijk was er ook bewondering voor haar frauduleuze handeling, want niemand had die opgemerkt. Prisca en Yolanda, die zelf ook vaak en goed vals speelden, vonden het knap maar voor Gemma hoefde het niet meer. Zij vond 'het op deze manier niet leuk meer'. Kon zijn, maar het was wel de gebruikelijke speelwijze.

Wat daarna gebeurde was voorspelbaar. Het bord ging ondersteboven, de kaartjes van Algemeen Fonds en Kans vlogen samen met het monopolygeld door de kamer, en de strijd om het opruimen begon. Dat was het heftigste onderdeel van elk bordspel. Wie het spel als laatste aanraakte was de klos en moest alles opbergen. Dus was het zaak om op tijd weg te komen, of te zorgen dat een ander nog even in aanraking kwam met een onderdeel van het spel. Dat kon alleen door iets uit de monopolydoos tegen iemand aan te gooien. Na tien minuten was de bende dan ook niet meer te overzien. 'Jullie ruimen het wel op voordat pappie thuiskomt,' zei moeder. Zelf geeft ze het goede voorbeeld en op haar buik op de vloerbedekking zoekt ze niet alleen naar dobbelstenen, maar ook naar hotelletjes en andere spelbenodigdheden. Gemma is de enige die haar een handje helpt. De overige zussen staan met elkaar te smoezen, want moeder zegt: 'Wat zijn jullie daar aan het smoezen?' Met z'n drieën komen ze bij me staan. Irma is de eerste die wat zegt. 'Wist je dat je hier ook snoep mee kunt kopen?' Ze zwaait onopvallend met een briefje van een gulden. Verbaasd en onder de indruk kijk ik haar aan. Dat wist ik niet. 'Vier rollen drop van een kwartje,' vult Prisca aan. 'Of twee rollen, een Caddy en een zakje Treets. Hebben we al vaker gedaan. Maar niets zeggen, pappie en mammie vinden het niet goed.'

'Zij vinden dat zonde van het spel,' zegt Irma, 'maar we hebben eentjes genoeg. Te veel zelfs.' Eentjes waren biljetten van een gulden en daar hadden we er inderdaad heel veel van.

'Als jij nou eens vier rollen Autodrop ging halen?' 'Topdrop,' zei Yolanda. 'Autodrop,' riep Irma. 'Sst,' zei Prisca. 'Staan jullie nu nog steeds te smoezen? vroeg moeder.

Met 'Bij Elly,' beantwoordde Irma de enige vraag die ik had al voordat ik hem kon stellen. Elly heette voluit Elly Kolks en was de uitbaatster van Café Kolks, van de stamkroeg van vader en moeder. Veel andere mogelijkheden waren er ook niet, omdat het zondag was. 'Goed,' zei ik. Zonder jas, maar met het kostbare briefje ging ik de deur uit. Kolks was dichtbij. Honderd meter over de Berkenlaan, en dan linksaf het Zaagpad uit lopen en ik was er. Maar dat deed ik niet. Het Zaagpad was onverhard en werd altijd Woudmans Paadje genoemd. Er stond slechts één woning, een vervallen boerderij, waar de familie Woudman woonde. Die bestond alleen uit vrouwen en we vonden ze doodeng. Prisca noemde hen heksen. Daar geloofde ik niet in, maar voor de zekerheid liep ik wel helemaal om .

'Dag Peter, ik bedoel Guido,' zei Elly toen ik binnenkwam. Een meneer Kolks bestond niet. 'Ik ben Hugo.' 'O ja, de jongste. En de verwendste. Wat kan ik voor je doen? Pakje Caballero voor vader, zeker?' 'Nee, ik wil...' 'Dan zeker Stuyvesant voor je moeder?'

'... graag drop. Vier rollen Autodrop.' Ze knikte, draaide zich om en schoof het glazen schuifdeurtje waarachter het snoep en de rookwaren lagen richting tabak en pakte vier rollen drop. Daarbij telde ze hardop. 'Een, twee, drie, vier.' Blijkbaar dacht zij dat ik haar niet vertrouwde, want toen ze de rollen drop vervolgens voor mij op de bar legde, deed ze hetzelfde. Alleen het einde was nu anders. 'Een, twee, drie... plus een maakt vier.' Dat wist ik ook wel. Ze had duidelijk niet in de gaten dat er een ex-bankier voor haar stond.

Ik legde het briefje van een op de bar. 'Alstublieft.' Elly pakte het op en zei: 'Dit ken ik niet.' Haar toon en gezichtsuitdrukking waren opeens veranderd. Elly werd mevrouw Kolks. 'Van monopoly,' riep ik enthousiast. 'Ja ja,' zei mevrouw Kolks, en ze legde voor de zekerheid de rollen drop nu achter de bar. 'Een momentje.' Ze verdween met het telefoonboek achter de glazen tussendeur en draaide een telefoonnummer. Waarschijnlijk dat van ons. Glimlachend keerde ze terug achter de bar en gaf me een rol Autodrop. 'Tegen niemand zeggen, hoor.'

Via de kortste weg, dus over het Zaagpad en langs de Woudmannetjes, rende ik naar huis.

Daar aangekomen stormt iedereen op me af. Triomfantelijk hou ik de rol Autodrop zo hoog mogelijk in de lucht. Die is daar niet veilig en ik stop hem achter mijn shirt. Moeder moet ingrijpen en met zachte hand verspreidt ze de kleine, maar opdringerige menigte. 'Laat die jongen, hij heeft het eerlijk gekocht. En nee, niks geen "ja, maar".' Ondanks de waarschuwing roept iedereen: 'Ja, maar...'

Zo voorzichtig mogelijk haalde ik het papiertje van het eerste Autodropje. Dat mocht beslist niet scheuren, want er stond een klein verhaaltje op met een fijn weetje dat je nooit meer zou vergeten. Toch spaarde ik ze, want je wist maar nooit. Vervolgens bewoog ik zo langzaam mogelijk het zoete autobandje in de richting van mijn mond. Zo ging dat ook met bijna alle andere dropjes, en verbijsterd en vol afgunst zien mijn zussen mijn tanden steeds zwarter worden.

'Nee, please, niet doen,' schreeuwden ze bij het laatste dropje. Moeder keek bezorgd. Alsof ze niet voor mijn veiligheid kon instaan, mocht ik ook dit dertiende dropje zelf oppeuzelen. Mijn zoete wraak had lang genoeg geduurd en ze besluit dat het laatste dropje moet worden verloot. Ik nam nul in gedachten en riep: 'Een getal onder de duizend en nul doet ook mee.' Iedereen begon meteen in een hoog tempo door elkaar heen te raden: '100, 4, 999, 1, 500, 333, 13, 0.' Die nul was van moeder en kwam veel te snel naar mijn zin. 'Ja, nee, nee toch niet,' stamelde ik. 'Laat mij je pink eens voelen.' Mijn linkerpink bevestigde helaas wat moeder dacht. Met een weids gebaar verdween het hoofdprijsje achter de kiezen van de eerlijke winnares van de loterij. Dat was niets voor moeder, en de verbazing en teleurstelling bij de rest was dan ook groot. Altijd deelde ze, maar nu niet.

Om halfzeven kwam vader vrolijk terug van het voetballen. Hij had zich in de kantine prima vermaakt, rook moeder.

'Lekker rustig dagje gehad, Riet?'

Optocht

'Eerste prijs in de categorie groepen: de vuilniszakken van de familie Hoes!' Ondanks de wind en het gekraak van de geluidsinstallatie was de uitslag goed te horen voor alle verkleumde aanwezigen op de Markt. De enthousiaste woorden kwamen vanaf het balkon van de lokale horecagelegenheid. Daar, hoog boven een kleine menigte, stond vader achter de microfoon. Een bekende plek voor hem, want enkele maanden eerder had hij daar Sinterklaas nog ontvangen. Nu stond hij er in zijn hoedanigheid van voorzitter van de carnavalsvereniging om de uitslag bekend te maken van de kindercarnavalsoptocht. En weer hadden we gewonnen. Natuurlijk, we wonnen altijd. Een licht gemopper klonk over het plein. Iemand floot op zijn vingers en het woord vriendjespolitiek werd gefluisterd. Geen idee wat dat betekende, maar het klonk best aardig, vriendjespolitiek.

Het was half februari, een graad of zes en met de prijsuitreiking kwam er een einde aan een lange, koude en natte dag vol vernederingen.

Die optocht was, zoals bijna alle dorpsevenementen, door vader bedacht en georganiseerd. Aangezien hij dagelijks acht kinderen in oude kleren naar school zag vertrekken, was dat ook helemaal niet zo vreemd. Want veel fantasie was er niet voor nodig om daar al de eerste contouren van een heuse optocht in te zien. Het basismateriaal was aanwezig: wij. Tegenwoordig heet dat format-denken, en kun je er heel rijk mee worden.

Vader benaderde enkele kennissen voor de organisatie, liet wat posters stencilen door Berend, de conciërge van de school waar hij lesgaf, en verplichtte ons om mee te lopen.

Maar als wat? Het liefst was ik natuurlijk een brandweerman of een cowboy geworden, maar dat vonden mijn ouders veel te min. In onze uitdossing moest altijd een boodschap of een knipoog zitten met een verwijzing naar actuele maatschappelijke onderwerpen. Het liefst nog naar de lokale politiek, een andere hobby van vader.

Tal van mogelijke onderwerpen werden er in de aanloop naar carnaval door de ouderlijke denktank geopperd. Die liepen uiteen van 'herinrichting hoofdstraat' tot 'wijziging bestemmingsplan buitengebieden'. Niet echt geschikt voor een kinderfeest, maar uit ervaring wisten we dat onze ouders daar heel anders over dachten. Nog nooit hadden we in de optocht meegelopen in een uitdossing die we zelf begrepen. Ten tijde van een landelijke volkstelling waren we potloden geweest. Een jaar eerder speelkaarten. Ik was harten zes. Paste zo leuk bij mijn leeftijd. Urenlang liepen we door de winterse buien, gehuld in een laken met verlepte hartjes. Had iets te maken met 'aftroeven' en 'in je kaarten laten kijken'. En dat verwees naar onderhandelingen over collegevorming na de gemeenteraadsverkiezingen. Dat werk.

Opeens wist vader het. 'Vuilniszakken. Dat wordt het, Riet.' Moeder begreep direct wat hij bedoelde, maar bij ons ging geen enkel lichtje branden. Onheilspellend klonk het wel, en we vreesden het ergste. Achteraf bleek die vrees ook niet onterecht, integendeel.

Het idee vuilniszakken verwees naar een recente gemeentelijke verordening met betrekking tot de huisvuilinzameling. Vuilnisemmers werden in de ban gedaan en voortaan zouden reinigingsrechten worden geheven op de vuilniszakken zelf. Dus mochten er alleen nog dure officiële grijze zakken met de opdruk GEMEENTE WISCH worden gebruikt. Al het afval dat niet in zo'n zak zat, zou de vuilniswagen voortaan laten staan.

'Een rol vuilniszakken, wat landbouwplastic en klaar is Kees,' zei vader. Moeder lachte opgelucht. Niet alleen omdat er een idee was, maar vooral vanwege het feit dat het gebruik van plastic betekende dat ze zelf niets hoefde te naaien. Daar had ze een

broertje dood aan, zoals eigenlijk aan alle huishoude-
lijke werkzaamheden.

We werden dus vuilniszakken. Zeven officiële, en
een illegale die niet werd meegenomen. Zonder dat
erover gesproken werd, was iedereen het er direct
over eens dat ik die weeszak zou worden.

De kleding van de eerste zeven zakken was snel
klaar. Een rol vuilniszakken, wat meten en knippen,
daarna vastnieten en even later stonden daar zeven
kinderen in een tweedelig vuilniszakpak. Nog nooit
had mijn familie er zo netjes uitgezien.

De laatste zak, ik dus, zorgde voor meer problemen. Vader was naar de winkel van de Boerenbond
geweest en had daar drie vierkante meter doorzichtig
landbouwplastic gekocht. Daar werd een groot stuk
vanaf gesneden om een passende zak van te maken.
Helaas een zak zonder mouwen, waardoor mijn armen door het plastic tegen mijn tengere lichaam
werden geduwd. 'Zakken hebben geen mouwen,' zei
vader. Dat de zakpakken van mijn zeven broers en
zussen wel armen hadden deed daar niets aan af.
'Dat zijn nieuwe zakken, is goed voor het contrast.'

Maar daar bleef het niet bij. Het overgebleven
stuk plastic werd achter het huis uitgespreid, waarna
moeder er een vuilnisemmer boven leegkieperde.
Vervolgens ging ze in dat afvalhoopje op zoek naar
passende rekwisieten voor op mijn zak.

Na een paar minuten had ze een blikje hondenvoer van Chappie, enkele lege pakjes Caballero en Stuyvesant, een verpakking Lange Vingers, een blik doperwtjes, aardappelschillen en een Smac-blik met vlijmscherp metalen openingsstrip apart gelegd. Maar ook nog verschillende niet meer te identificeren dingetjes. 'Gadver,' riep mijn zus. 'Eerste prijs,' zei vader.

Met een nietmachine begon moeder het afval aan de buitenkant van mijn transparante plastic zakjurk te bevestigen. Ik kon wel janken.

Toen vader dit tafereel zag greep hij in. 'Dat kan zo niet,' zei hij, en ik voelde dat redding nabij was. 'Wie stopt er nu vuilnis aan de buitenkant van een zak? Het moet erin. Waarom hebben we anders doorzichtig plastic?' Het kon dus nog erger.

'Ik ga het er niet meer af halen,' zei moeder, die reuze trots was op haar creatie. 'Doe hem dan *krang*,' riep mijn broer. Krang was Achterhoeks voor binnenstebuiten, en na een hoop gefriemel en gedoe zat al het afval net als ik in de zak. 'Mooi,' zei vader.

Vervolgens scheurde hij een stuk karton van een lege Blue Band-doos. Daarop schreef hij met een viltstift: 'Mag ik ook mee?' Hij maakte een touw vast aan het karton en hing dat vervolgens om mijn nek. 'Klaar is Kees. Tot straks,' zei vader, waarna hij richting de dorpskom vertrok om zogenaamd de laatste voorbereidingen voor de optocht te treffen. Indrinken dus.

Moeder kamde de haren van alle vuilniszakken, haalde een nat washandje over hun gezichten, controleerde of iedereen een zakdoek bij zich had en gaf mij de laatste instructies. 'Als de jury langskomt zeg je dat je een oude vuilniszak bent die niet mee mag.' Vervolgens maakte ze de opstelling bekend en dat ging op leeftijd. Eerst de nette zakken Agnes, Peter, Guido, Gemma, Irma, Prisca, Yolanda. Vervolgens een hele tijd niets en dan ik. Dat bleek geen gezicht want de oudste, Agnes, was niet de grootste. Dus besloot moeder dat de grijze gemeentezakken in de formatie drie-twee-twee zouden lopen, daarbij op grote afstand gevolgd door mij. 'Denk erom hou afstand, want je mag niet mee. Anders snapt niemand het,' drukte ze me op het hart.

Daar gingen we. Zeven mooie zakpakken en een zakjurk. Het effect was overweldigend. Nog voordat we de verzamelplaats van de stoet hadden bereikt werden wij, maar vooral ik, het mikpunt van spot van alle verklede leeftijdgenootjes. Kleine cowboys, indianen, clowns en verpleegsters, werkelijk iedereen lachte ons uit. Als er een vuilniswagen was langsgekomen was ik erin gesprongen.

Volwassenen daarentegen reageerden heel anders. Die stootten elkaar aan, wezen naar ons waarna ze vriendelijk glimlachten en soms zelfs een duim omhoogstaken.

Veel te vroeg arriveerden we op de Markt, waar

de optocht pas om exact 14.11 uur zou vertrekken. Normaal stelden alle deelnemers zich daar keurig op en wachtten, maar onze komst zorgde voor een oploopje. Alle kinderen stonden in een kring om ons heen te lachen en riepen dingen als 'Rotzak!' en 'Vieze zak'. Een als agent verkleed jochie van de Bergstraat probeerde mij door mijn zak heen te knijpen. Verweren was onmogelijk, want mijn zak had armsgaten noch mouwen. Mijn armen hingen recht naast mijn lichaam. Broer Peter gaf de kleine agent een flinke duw, riep daarbij: 'Klootzak!', waarna het ettertje met zijn nieuw gekochte uniform op de stoep belandde en het op een lopen zette. We hadden sowieso al een gruwelijke hekel aan kinderen die meeliepen in een kostuum dat uit de winkel kwam. Niet alleen uit jaloezie, maar ook omdat moeder zei 'dat je met carnaval zelf iets moet maken omdat dat veel leuker is'. Nou, dat bleek vandaag wel weer.

In elk geval was er geen prinses, kikker of tovenaar meer die nog durfde te lachen.

Voordat de stoet zich in beweging zette kwam de jury langs. Die bestond onder anderen uit meneer Notes en mevrouw Den Ouden. Die kenden we, want zij kwamen al jaren op de verjaardagen van mijn ouders. En zij kenden ons. 'Jongens, jongens, wat hebben jullie ouders er weer een hoop werk van gemaakt,' zei mevrouw Den Ouden zonder enige vorm van ironie. 'Heel goed bedacht. Zeker lekker warm in die zak?' Vol onbegrip hoorde ik het aan. 'Echt iets voor Jacques,' zei meneer Notes tegen haar.

Eindelijk kwam de stoet in beweging. In een geur van hondenvoer, met het Smac-blik in mijn rug snijdend en natte sneeuw in mijn nek begon ik aan de langste tocht van mijn leven. Met mijn handen in de zakjurk was het nog knap lastig om het tempo bij te houden. Want mocht ik vallen, dan was er niets waarmee ik de val kon breken. Daar hadden mijn boers en zussen echter geen enkele boodschap aan. Zij gingen juist steeds sneller lopen om eerder bij het uitgiftepunt van de zakken snoep, de beloning voor het meelopen, te zijn. Dat punt bevond zich in de Bosstraat, driehonderd meter van de Markt, waar de tocht ook weer zou eindigen. Vlak voor het uitdelen van de snoepzakken schoten er steevast allerlei iets te grote kinderen met alleen een petje op of een boerenkiel aan tussen de stoet. Aan hen hadden we minstens zo'n grote hekel als aan kinderen met fonkelnieuwe pakjes. Want zonder de ontberingen die wij moesten doorstaan, kregen ze wél snoep. Sommige van deze fraudeurtjes verlieten daarna direct weer de stoet om dat trucje te herhalen. Oneerlijk, al hadden we maar wat graag met ze geruild.

Toen we eenmaal zelf bij de snoepverstrekkers waren aangekomen diende zich een nieuw probleem aan. Door mijn dwangbuis had ik geen vrije hand

om de welverdiende lekkernijen in ontvangst te nemen. Er was maar één oplossing: de snoepzak met
mijn mond aanpakken en tussen mijn tanden ge-
klemd verder dragen. Zo liep ik de laatste honderden
meters naar de Markt. Vechtend tegen de tranen, en
bang dat het vervelende agentje ergens zou opduiken
om de zak uit mijn mond te trekken, bereikte ik de
Markt. Daar wachtte een trotse moeder, die direct
het snoep in veiligheid bracht en mij ontzakte. 'Goed
gedaan, hoor.' De tranen wonnen. Zo snel als ik kon
rende ik naar huis. Die hele prijsuitreiking kon me
gestolen worden.

Uren later kwamen vader en moeder beneveld
thuis. 'Jongens. Er lligt nog whahat inn in de...', en
voor vader zijn zin kon afmaken riep moeder: 'In de
Indesit.' Dat was de laatste regel van een oude recla-
meslogan voor wasmachines. Die luidde: 'Alles wat je
ziet, in de Indesit.' 'Niet Indesit, Riet, in de kofferbak,' mompelde vader. 'Toe, niet zo flauw, Sjimmie,'
zei moeder. Als ze gedronken had gebruikte ze altijd
dat koosnaampje in plaats van Jacques.

We wachtten het einde van de niet bijster boeien-
de ouderlijke conversatie niet af en renden naar de
auto. In de kofferbak lagen twee volle dozen met alle
overgebleven zakken snoep op ons te wachten. Net
als het jaar ervoor. Als hoofd van het organiserend
comité had vader die weer voor ons weten veilig te
stellen. Konden we mooi de veertig dagen vasten tot
Pasen mee doorkomen.

Op campagne

'Kom op, Berend, we zijn bijna klaar. Nog een paar honderd Sjakies en dan kunnen we naar huis.' Zoals altijd is vader weer een en al optimisme.

Berend lacht. En hoest. Want lachen zonder hoesten is na een leven lang zware Van Nelle te hebben gerookt onmogelijk. Met lachen beginnen gaat makkelijk, maar op tijd stoppen, net voor het hoesten begint, dat lukt hem nooit.

Berend is conciërge op de middelbare school waar vader Frans en Engels geeft. Een collega dus. Ook is hij de vaste grensrechter van het eerste elftal van de voetbalclub waar vader voorzitter is. Daar probeert hij met zijn doorrookte longen de aanvallers van de tegenpartij bij te houden. Een schier onmogelijke wekelijkse opgave, waar hij gelukkig nooit alleen voor staat. Altijd zijn er wel dorpsgenoten die hem ongevraagd assisteren. 'Beeeruuuund! Vlaggen!' roepen die bij elke aanval van de tegenstander, en hopla, daar gaat de vlag de lucht in. Ieder seizoen is hij goed voor minimaal de helft van de punten. Moeder noemt hem een goedzak, wij noemen hem Berend Vlaggen.

Zes dagen per week zien Berend en vader elkaar en soms zelfs zeven, zoals deze week. Het is zaterdagochtend en ze zijn in het verder uitgestorven mavogebouw. Berend heeft zijn enige vrije ochtend weer eens opgeofferd om vader te helpen met stencilen. Zo had vader het thuis althans genoemd: 'Berend komt mij helpen', maar in werkelijkheid doet Berend al het werk. Vader weet niets van stencilen en krijgt liever ook geen vieze stencilhanden. Berend maalt daar niet om. Logisch, want hij draagt een stofjas. En daar mag hij zijn vieze handen aan afvegen. Zo'n jas wilden wij ook wel. Zouden we eindelijk verlost zijn van het eeuwige 'niet aan je ja-has' en 'niet aan je mouw' als je binnen moeders blikveld een te lang verwaarloosde snottebel moest zien kwijt te raken.

Vader zorgt voor de sfeer en haalt koffie. Ook voor Berend en dat is de omgekeerde wereld in de schoolhiërarchie. Helaas voor Berend moet hij wel elke keer met vader meelopen naar het personeelskeukentje, want van de koffiemachine begrijpt vader net zo weinig als van het stencilapparaat. Na twee uur begint een patroon op te vallen. Elke keer als vader koffie wil biedt hij dat Berend aan. Daarna lopen ze samen naar het apparaat, roept Berend iets als 'laat mij maar', drukt wat knoppen in, waarna vader twee kopjes naar de aula draagt.

Gestaag rollen de gestencilde vellen van de machine en vader maakt daar mooie stapeltjes van. Meestal betreft het blaadjes voor de carnavalsvereniging of een jeugdkamp, maar deze keer gaat het om iets veel belangrijkers: vader zelf. Die wil namelijk de politiek in en daarom rollen er duizenden A4'tjes met zijn getekende portret van de machine.

Niemand van de familie wist waar die wens opeens vandaan kwam. Thuis, op Berkenlaan 56, hadden we hem namelijk nog nooit kunnen betrappen op ook maar de lichtste voorkeur voor een democratisch bestuursmodel.

Eelco, de leraar tekenen, had het portret gemaakt en de gelijkenis was treffend. Van een foto overgetrokken, denken wij, maar volgens vader is het nagetekend van een foto. Ja, ja. Onder dat portret staat: 'Lijst 1, nummer 5 Jac. Hoes.' Dat niet zijn hele voornaam op de posters stond, maar alleen de eerste drie letters, had met ruimtegebrek te maken, al zag het er ook wat chiquer uit. Wellicht was hij geïnspireerd door dorpsgenoot en selfmade bouwondernemer Ignatius Doornik. Die had in zijn tuin een groot naambord staan met daarop IGN. DOORNIK en voorbijgangers lazen dat altijd als 'ingenieur Doornik'.

Vader is ongeduldig. Ondanks de vele waarschuwingen van Berend dat de stencils eerst goed droog moeten zijn, stopt hij al het papier gehaast in dozen.

Hierdoor ontstaan er bij een groot aantal pamfletten vlekken in vaders gezicht. 'Een halve neger,' mompelt Berend. 'Neger of geen neger, maakt mij niet uit,' zegt vader en hij stapt in zijn auto.

Met vijf dozen vol campagnemateriaal kwam vader thuis. 'Wat een werk, die arme Berend,' zei moeder, die net terug was van haar vaste wekelijkse kappersbezoek. Terwijl de meeste mensen de kapper bellen om een afspraak te maken, belde zij alleen wanneer ze een keer niet kwam. Om af te zeggen dus. 'Niet zeuren, Riet, Berend doet dat graag,' antwoordde vader.

Lijst 1 was de kvp, de Katholieke Volkspartij. Mijn protestantse buurjongens maakten daar Kan Flink Poepen van. Na protest van zus Gemma veranderden ze dat in Kan Veel Poepen. Daar kon ze wel vrede mee hebben. Dat de Volkspartij hem had gevraagd was niet vreemd want vader beschikte over een zeer groot netwerk, niet alleen intern, ook extern. Goed voor een gegarandeerd aantal stemmen en handig bij een logistieke operatie zoals de verkiezingscampagne. Van dat externe netwerk werd in de aanloop naar de verkiezingen echter weinig meer vernomen, dus moest al het handwerk intern verdeeld worden. En dan ook nog eens budgettair neutraal. Dat klonk duur, maar betekende gratis. Helaas kwamen we daar pas later achter.

Dat werk bestond uit het verspreiden van het

door Berend vermenigvuldigde campagnemateriaal over de gemeentelijke adressen. Een klus die om een kleine projectorganisatie vroeg, en zelfs meer mankracht leek te gaan vereisen dan we zelf in huis hadden. Ons gezin te klein: die situatie hadden we nog nooit meegemaakt.

Vader had de plattegrond van de gemeente over de keukentafel gespreid. Moeder zei dat ze wel iets beters te doen had en ging vers gekapt in de achterkamer de *Libelle* lezen. Dat kwam goed uit, want de hairspray had zoals elke zaterdag een bedwelmend effect op ons. Niemand zag ook ooit dat ze bij de kapper was geweest; we roken het alleen.

Bijna twintigduizend was het inwoneraantal van de gemeente, en dat betekende toch wel vijfduizend brievenbussen. Onze kandidaat staarde naar de plattegrond en begon als een echte veldheer om de kaart heen te lopen. Dat moest hij onlangs op televisie hebben gezien, want zoiets deed hij nooit. En het ging ook helemaal niet. Omdat de keuken zo klein was stond de tafel tegen de muur en kon er op z'n best een hoefijzer gelopen worden: rond driekwart van de tafel en dan weer terug. Daardoor leek het net alsof vader liep te ijsberen in plaats van dat hij strategische stappen zette in zijn hoofd. Een grote kaart, duizenden pamfletten, en een weifelende leider. Dat zag er niet goed uit en beloofde weinig goeds voor het vervolg van de campagne.

Totdat vader opeens met een dikke stift een groot zwart kruis trok door Varsseveld, een van de drie kerkdorpen van de gemeente. 'Daar ken ik toch niemand, en zij kennen mij niet. Allemaal hervormden.' Ik kende wel iemand in Varsseveld: mijn gymleraar. Die heette Guus Hiddink en voetbalde bij de Graafschap. Hij was semiprof en werkte parttime in het onderwijs. Elke les bestond uit blokjesvoetbal. Vele jaren later zou de hele wereld hem kennen. En altijd als hem gevraagd werd naar het geheim van zijn succes begon hij over zijn onderwijservaring. Opgedaan tijdens het lesgeven aan moeilijk opvoedbare jongens, vertelde hij dan.

Het huis van Hiddink leek mij wel de moeite van het omrijden waard, maar daar dacht vader anders over. 'Ach, .de Graafschap... Als het nu Feyenoord was geweest.'

Nu bleven er naast een groot aantal gehuchten alleen nog ons eigen dorp Silvolde en het naastgelegen Terborg, ook wel Kaakstad genoemd, over. Die bijnaam had het te danken aan het feit dat Fred Kaak, een puissant rijke lokale ondernemer, bijna alle panden in het binnenstadje bezat. Eigenlijk was het net als Silvolde een dorp, maar tot onze grote jaloezie had het in de vijftiende eeuw stadsrechten verworven. Dat moest een vergissing zijn geweest. Als we Terborg ook zouden schrappen werd ons project al een stuk overzichtelijker. Met de gehele campagnestaf zaten we gebogen over de kaart.

'Oké,' zegt vader vastberaden, 'van Terborg doen we alleen de Hoofdstraat.' Dat klonk op het eerste oor vrij logisch en erg wijs, maar sloeg helemaal nergens op. Alsof de Hoofdstraat ook voor ons doel het belangrijkste is. Gelukkig ziet even later vader zelf ook in dat zijn gedachtegang niet klopt en zegt: 'We gaan tot en met de Hoofdstraat, dus alleen onze kant van Terborg.' Zus Gemma roept gespeeld enthousiast: 'Dat is nog beter', waarmee een dreigend gezichtsverlies van nummer 5 van lijst 1 voorkomen wordt. Niets mag deze weken het moreel van onze kandidaat in gevaar brengen.

Vader pakt met een theatraal gebaar een rode stift om daarmee op de stafkaart de grenzen van ons campagnegebied aan te geven. Vol bewondering kijken we toe hoe hij, als ware hij Napoleon zelf, langzaam de punt van de stift precies bij het begin van de Hoofdstraat zet. 'Potver! Hij doet het niet. Gooi ze dan ook weg als ze leeg zijn. Waar is die stift die ik net had?'

Moeder hoorde het geschreeuw en kwam uit de achterkamer. 'Dat potver wil ik niet horen waar de kinderen bij zijn.' 'Maar nu zeg je het zelf ook,' zei vader. 'Wat?' 'Potver, klopt toch jongens?' Alle kinderen vielen vader bij. 'Ja, mam. Geen potver zeggen als je geen potver mag zeggen,' riep Yolanda. 'Mam, wat mogen we niet meer zeggen?' pestte Irma. Uit ervaring wist ik dat zoiets uren door kon gaan. Moeder was kansloos en wilde de keuken alweer verlaten, tot haar oog op de stiften viel. 'Daarmee ga je niet op die kaart schrijven! Ben je helemaal gek geworden? Dat gaat er nooit meer af. Doe dat maar lekker met potlood.' Vader had zijn linkerhand zo onopvallend mogelijk op het doorgekruiste Varsseveld gelegd en mompelt: 'Ja, ja is goed.'

Als moeder terug naar de kamer is herpakt vader zich. Tevergeefs probeert hij met wat spuug op zijn wijsvinger het zwarte kruis van de kaart te poetsen. De rest van de briefing gebruikt hij alleen nog potloden. Uiteindelijk is er een plan dat bestaat uit drie onderdelen. Operatie drieslag, noemen we het. 'Drie slag is uit,' roept Irma. 'Koppen dicht,' zegt vader, 'zo gaan we het doen.' Aan de keukenmuur komen roosters en draaiboeken te hangen. Moeder vraagt 'of de garage daar geen betere plek voor is' en vader antwoordt 'dat je in de garage ook goed *Libelle*'s kunt lezen'.

De eerste fase van de campagne bestaat uit een charmeoffensief bij vrienden en bekenden. V&B – P in vaders compacte campagnetaal, waarbij de P voor persoonlijk stond. Gewapend met posters, schaar en plakband worden die allemaal bezocht in de hoop dat ze er openlijk voor uitkomen op lijst 1 nummer 5 te stemmen. Alleen een pamfletje in de bus gooien is daarvoor niet voldoende. Vader heeft zijn eigen tactiek. Terwijl ik aanbel tikt hij tegen een van de ramen en schreeuwt daarbij zo hard mogelijk: 'Hier maar doen.' Als de bewoner de deur opent roept hij quasinonchalant dat dat al was afgesproken met Wil, Joop, Toos of Jan. Dat waren de namen van hun echtgenoten en die wisten natuurlijk van niets. Het resultaat was wel dat overrompelde bewoners niet veel anders konden doen dan instemmen, waarna wij het getekende en vlekkerige hoofd van vader op de binnenkant van het raam plakten. Binnen drie minuten zaten we weer in de auto. Een enkele keer lukte het Joop of Toos om voor onze vlucht bij vaders autoraam nog verhaal te komen halen. 'Potver, Jacques wat maak je me nou? Niets over afgesproken,' klonk het dan. Vader deed alsof hij het niet verstond, maakte wat verontschuldigende gebaren vanachter zijn autoraampje en reed weg. De bewoners hoofdschuddend maar soms ook wel lachend achterlatend. 'Die hangt,' zei vader, 'volgende patiënt.' Na ongeveer veertig van deze hit-and-runacties brak fase twee aan: BK-HaH, bebouwde kom, huis aan huis.

Vader maakt twee groepen. Groep 1 gaat Silvolde centrum en oost doen, groep 2 west plus Terborg tot en met de Hoofdstraat. Die indeling stuit op verzet bij groep 2. 'Oneerlijk,' roepen Prisca en Irma. 'Ons gebied is veel groter.' Dat klopte, maar groep 1 had ook de beruchte Bergstraat in het pakket. Daar fietsten we altijd met een grote boog omheen omdat het er niet pluis was. Met carnaval hadden we nog een vervelend akkefietje gehad met iemand uit die straat. Jaren later is die straat na een herinrichting door de gemeente omgedoopt in de Heuvelstaat, maar ook die cosmetische ingreep kon de slechte reputatie niet doen vergeten. Uiteindelijk kwam er een compromis: de gevaarlijke Bergstraat telde net zo zwaar als half Terborg.

Met vier man tegelijk, twee aan elke kant van de straat, wordt het stratenplan afgewerkt. Huizen waar een poster van een andere partij voor het raam hangt, krijgen twee portretten van vader in de bus. Dat zal ze leren. De Bergstraat slaan we over. Er zijn grenzen.

Dan is het tijd voor fase 3, de buitengebieden. Die worden door folderbezorgers altijd overgeslagen, maar voor vader is dat de beste reden om er wel langs te gaan. 'Daarom juist! Die mensen krijgen nooit iets in de bus.' De afstanden vormden geen probleem, de kettinghonden wel. Bij elk pand lag zo'n vals kreng te wachten op zijn allesbehalve argeloze prooi. 'Niet bang zijn, gewoon doorlopen,' zei vader, die zelf de auto niet uit kwam. 'Die beesten zitten toch vast.' Inderdaad, maar je wist nooit hoe lang de kettingen van de herders en bouviers waren. Bij het vierde adres reikte de ketting tot de oprit. Niemand durfde de auto uit. Dit werd ook vader al te dol, dus werd het bezorgen gestaakt.

Maar de campagne ging door. Van een oude deur

en panlatten werd in de voortuin een verkiezingsbord getimmerd. Daarop kwamen dertig portretjes van vader. Moeder vond de achtertuin een betere plek. 'Wat moeten de buren wel niet denken?' 'Alles,' antwoordde vader. Het bleef niet bij deze megalomane blikvanger. Toen hij de geest eenmaal weer te pakken had, was hij niet te stoppen. 'Riet, een karavaan! Dat moeten we doen.' Moeder had geen idee waar hij het over had en zei: 'Goed plan, maar ik ga om de dooie dood niet in een caravan.'

Vader belde Berend. 'Vanmiddag, geluidsding en boxen. Ja, op de auto,' hoorden we hem in de hal door de telefoon roepen. Vervolgens schroefde hij de imperiaal op de Fiat, pakte de oude spin en reed naar de mavo. Daar stond Berend ons al op te wachten met microfoon, speakers, versterker en meters kabel. Samen bonden ze de schoolapparatuur op het dak. 'Nou Berend, proberen maar,' zei vader. De conciërge twijfelde. Spreken in het openbaar was voor hem niet zo vanzelfsprekend als voor vader. 'Kom. Waar wacht je op?'

Aarzelend begon Berend in de microfoon te praten. 'Test... Proberen maar... Test. Ga stemmen. Op meneer Hoes. Dat is goed. Lijst 5. Nummer 1. Nee, toch niet doen. Ik bedoel lijst 1, nummer 5,' schalde het over het schoolplein.

'Okidoki,' zei vader, 'een kind kan de was doen. We gaan.' Dat kind was ik. Vader had het stuur in handen, ik de microfoon en stapvoets reden we door ons dorp. 'Stem lijst 1, nummer 5. Op pappie,' riep ik de eerste keer. Dat pappie was natuurlijk niet de bedoeling. De keren daarna ging het al snel beter. 'Stem lijst 1, nummer 5, Jac. Hoes.'

Om nou te zeggen dat de mensen halt hielden op straat was overdreven; in een dorp loopt namelijk bijna niemand over straat. Wel kwam iedereen die ons hoorde uit zijn huis. Logisch, want een geluidswagen hoorde je slechts eenmaal per jaar. Die kondigde dan een altijd tegenvallende voorstelling van een familiecircus aan. Alle verbazing op de gezichten van de toeschouwers veranderde in blikken van herkenning toen ze zagen wat er aan de hand was: de zoveelste familievoorstelling van vader Hoes.

Een week later waren de verkiezingen en zat vader de hele dag in café 't Molentje. Daar was een stembureau ingericht en hij was voorzitter van dat bureau. Prima plek voor de slotdag van zijn campagne, en van zeven tot zeven voorzag hij de kiezers zo neutraal mogelijk van passende stemadviezen.

Na het sluiten van de stembussen assisteerde ik vader bij het tellen en turven van de stemmen. Met een ruim aantal voorkeurstemmen werd onze held gekozen.

Een week later werd ons zakgeld verdubbeld. Van niks naar twee keer niks.

De Kappenbulten

'Over een halfuurtje gaan we op vakantie, pak je spullen maar vast in.' De mededeling van vader kwam ogenschijnlijk vanuit het niets. Voorpret, daar deden we niet aan. Moeder raakte lichtelijk in paniek en begon direct te schreeuwen. 'De kaart, de kaart! Jacques, waar is de campingkaart?' Zo kende ik haar niet. Altijd was ze de rust zelve in ons grote gezin, maar het idee om bij een camping aan te komen zonder de verplichte kaart bracht haar uit evenwicht. 'Ach Riet,' zei mijn vader geruststellend, 'dat komt wel goed.' Omdat kamperen met acht kinderen niet te doen was, gingen we in shifts. Eerst de oudsten, alleen met vader, daarna de jongsten met beide ouders. De grens tussen jong en oud was overigens niet altijd even duidelijk. Een middelste zus ging soms twee keer mee, maar ook werd ze weleens vergeten, waarna ze snikkend op de lege oprit achterbleef. Had ze echt pech, dan lag haar knuffel al wél in de auto. Vrije dagen hadden mijn ouders genoeg. Moeder werkte niet, vader was leraar en had dus de hele zomer vrij.

Moeder gaf ons een kartonnen doos. Op de buitenkant stond BLUE BAND en vanbinnen plakte die een beetje. Tassen of rugzakken hadden we niet, er waren alleen twee grote bruine koffers. Die lagen onder het echtelijk bed en waren op Aruba geweest. Daar hadden mijn ouders na hun huwelijk enkele jaren gewoond en waren de oudste kinderen geboren. Dat mysterieuze Aruba in combinatie met het woord vroeger zorgde voor verwarring; heel lang dacht ik dat 'vroeger' een plek was. Daar zouden we vast ook nog weleens gaan kamperen, in Vroeger.

'Stop ze maar lekker vol,' zei moeder. Makkelijker gezegd dan gedaan. Want op een zwembroek, lekke bal en anderhalf badmintonracket na hadden we namelijk niets. Wat mee moest hadden we al aan. Terwijl we wanhopig op zoek gingen naar iets voor in onze doos ('Nee, de muis mag niet mee') deed mijn vader het zware werk. Eerst werd de imperiaal – een woord dat ik maar niet kon onthouden – op het dak van de groene Fiat geschroefd. Daarop kwamen de bruine koffers en twee tuinstoelen. De rest ging in de kofferbak. Twee viskrukjes met slappe sjaals als bekleding, een belachelijk grote gele jerrycan die tevens dienstdeed als zitje, een gasstel en twee tweepersoonsluchtbedden, waarvan altijd minstens een helft lek was. En natuurlijk de bungalowtent met bijbehorende dikke zware stokken.

Nadat er een zeiltje over de imperiaal was getrokken kwam het gevaarlijkste moment van de vakantie: de Spin bevestigen. Daar zocht vader vrijwilligers voor, dus doken we achter de schuur. De Spin was een oud, bijna versleten elastiek met ijzeren haken aan de acht uiteinden en een angstaanjagende reputatie. Het onvoorspelbare monster moest door minimaal twee personen, en in goed overleg, worden vastgemaakt om te voorkomen dat iemand geraakt werd door zo'n losschietende haak. Overleggen was niet onze sterkste kant. Altijd wist de Spin wel een kindergelaat te havenen. Gelukkig bood een stoere en argeloze buurman de helpende hand.

'We gaan naar Duitsland of België, en als jullie je koest houden wordt het misschien wel Frankrijk of Spanje,' zegt vader. Er klinkt gejuich, en met onze eigen doos, waarvan de bodem helaas net niet bedekt is, nemen we plaats op de achterbank. 'Maar mammie dan,' gil ik als ik zie dat de bijrijderplaats nog vrij is. 'Die mag dit jaar niet mee,' zegt vader terwijl hij langzaam achteruitrijdt. We zijn nog niet halverwege de oprit of de eerste tranen vloeien al. Vader stopt. Moeder stapt in en wij stoppen met huilen. De jaarlijkse 'wegrijden zonder moeder'-grap valt weer helemaal verkeerd. Vader steekt een Caballero op en moeder een Stuyvesant. Als we uren later voor de slagboom van de camping staan, zit de asbak propvol, staat de Fiat blauw van de rook en zijn wij heel erg toe aan frisse lucht.

'Voilà, la Belgique,' zegt vader, die ook Frans gaf. In werkelijkheid zijn we in Halle op camping de Kappenbulten. Urenlang werden we rondgereden in de Achterhoek om ons het idee van een verre vakantie te geven. Veertig jaar later berekent de routeplanner de afstand tussen huis en camping op exact 13,6 kilometer.

Tot grote opluchting van moeder weet vader met zijn rappe tong de verbouwereerde beheerder ervan te overtuigen dat kampeerkaarten onlangs zijn afgeschaft. 'Stond in de *Kampioen*.'

Op onze staanplaats aanbeland, komt het ergste. Vader gaat niet, zoals normale vaders, in alle rust de tent opzetten, maar in zijn korte broek en vleeskleurig onderhemd verzamelt hij binnen enkele minuten en met veel kabaal een grote groep helpers om zich heen. 'Pa-ap, alsjeblieft,' roepen we met z'n vieren. Even staat moeder aan onze kant, maar die zegt: 'Dat doen die mensen graag, anders zitten ze zich hier toch maar te vervelen.' Zit wat in. Vervolgens staan acht volwassen mannen met onze ongecodeerde stokken te puzzelen en drie uur later heeft de camping een nieuwe lelijkste tent. Alleen de luifel, die stokken met een afwijkende diameter heeft, wil maar niet blijven staan en hangt er lusteloos bij. Vader vloekt. Want voor de vakantie is hij nog met de luifelbuizen bij de lokale smid langsgegaan om ze op maat te laten maken. Een zinloos jaarlijks ritueel. Ze passen nooit, want ze horen er niet bij.

Hoofdschuddend bekijken de kampeerders de uitrusting van hun nieuw buren. Flodders avant la lettre.

Vader heeft al vrienden, wij nog niet. Die maak je door geven en nemen, maar wij hebben niets te geven. Dus moeten we het hebben van nemen. Dat werkt vooral goed bij kinderen zonder broertjes en zussen, want zij hebben vaak veel speelgoed, maar geen speelkameraadjes. Op de tweede dag van ons verblijf zouden we door tactisch handelen (lees: intimidatie) echter al mede-eigenaars zijn van een groter assortiment speelgoed dan Bart Smit jr. heeft.

Wie opgroeit in een groot gezin weet hoe dat werkt. 'Ga jij maar even water halen, dan kan ik gaan koken,' zegt moeder tussen neus en lippen, daarbij niet overziende welke impact die opdracht heeft op de kleine kampeerder. Daar gaat de eerste dag van de vakantie. De kraan bevindt zich op een meter of honderd van de tent en de inhoud van de jerrycan is twintig liter. Bovendien past die alleen schuin onder de kraan. De rest van de middag gaat verloren met het torsen van de vracht die ongeveer overeenkomt met mijn eigen lichaamsgewicht. Na tweeënhalf uur kom ik uitgeput terug bij de tent. 'Waar bleef je nou? Ik werd al ongerust,' zegt moeder, al maakt ze niet bepaald een bezorgde indruk. Filtersigaretten rokend en *Libelle*'s lezend in de tuinstoel lijkt ze eerder op te gaan in de wereld van Peter Stuyvesant. Althans, de Kappenbultse versie daarvan. Vader drinkt bij de buren nog maar een beugelfles Grolsch en wij hangen rond in de kantine. Daar bestuderen we de ijskaart, kijken naar het poolbiljart en de tafelvoetbalspelers en zien dat alles wat wel leuk is op de camping begint bij vijftien cent. Totaal onbereikbaar dus.

Terug naar de tent. Daar treft moeder de eerste voorbereidingen voor het avondeten. Met de zware jerrycan probeert ze een lichtgewicht aluminium campingpannetje te vullen. Het water gutst er met zoveel kracht uit dat het pannetje steeds omkiepert en hetzelfde gebeurt als ze de jerrycan op de panrand laat rusten. Als uiteindelijk het pannetje vol is blijkt de jerrycan zo goed als leeg. Een halve dag werk gemorst. Haar 'Wie gaat even nieuw water halen?' hoor ik niet. *Plop*, klinkt het bij de buren.

Nu was moeder al geen culinaire topper, maar op de camping wordt zelfs het laatste restje ambitie opgegeven en ligt de lat even hoog als het grondzeil. Het eten mag dan elke avond een andere kleur en naam hebben, het smaakte telkens hetzelfde: Wonderstamppot van Maggi. Onduidelijk poeder uit blik dat opzwol als er warm water bij werd gedaan. Soms groen (boerenkool), dan weer oranje (wortelstamppot) of geel (zuurkool). Een kleurenblinde zou geen enkel verschil proeven. 'Lekker makkelijk,' zei vader, al was het eerste deel van dat culinaire oordeel ver bezijden de waarheid. Waren we maar weer thuis. Daar aten we soms echt Italiaans: macaroni met Smac uit blik en ketchup. De rest van de avond werd doorgebracht bij de afwasbakken, waar met koud water de stopverfachtige resten Wonderstamppot verwijderd moesten worden. De frituurlucht die van-uit de kantine voorbijkwam maakte de situatie er niet beter op.

Ondertussen had vader ongemerkt de camping verlaten. Pas vele jaren later begreep ik dat hij dan naar huis ging om de kranten op te halen, de tuin te sproeien en vooral om er even he-le-maal uit te zijn. Daarnaast hield hij soms een oogje in het zeil bij de oudere kinderen die niet mee kamperen waren. Over hen waren wel afspraken gemaakt wat betreft logeer-adressen en/of oppas, maar in de weerbarstige prak-tijk bleven er altijd wel wat weeskinderen over door open eindjes in de communicatie en logistiek. Mon-ter (patatje onderweg?) en met *De Gelderlander* en *De Tijd* onder de arm keerde vader tegen de schemering weer terug op de camping. Net op tijd, want de cam-pinglamp moest ontstoken worden. *Chefsache*. Naar dat breekbare attribuut mocht zelfs moeder niet kij-ken, laat staan het aanraken. Een glazen (gebarsten) kapje beschermde een raadselachtig lichtgevend kousje, en owee als dat aangeraakt werd! Dan was de ramp niet te overzien en zouden we nooit meer gaan kamperen. Negens werd zo panisch over gedaan als over dat gaasje. Al was het tentdoek aanraken als het regende een goede tweede. Dat was ook ten strengste verboden. 'Dan gaat het lekken,' vertelde vader, maar dat ging er bij ons niet in. Voor de zekerheid stuurde hij ons bij regen meestal naar andermans tent.

Om rampspoed met de campinglamp te voorkomen werden wij voor het ontsteken naar de slaapcabine gestuurd. Daar lag een tweepersoonsluchtbed waarvan één kant al jaren lek was. Lastig, want we waren met z'n drieën. Dus moest er gekozen worden: of een lege helft voor jezelf alleen of een volle kant delen. Klagen hielp niet. 'Een luchtbed is een luchtbed,' zei vader. De wollen dekens verhoogden het slaapcomfort die zomeravonden ook niet echt. Slaapzakken kenden wij alleen uit de Wehkamp-catalogus.

Vanzelfsprekend waren we vroeg wakker, maar vaak toch net niet vroeg genoeg. Want terwijl vader nog op zijn luchtbed lag, zat moeder ons in het midden van de tent al op te wachten, gewapend met een pan ijskoud water en een nat washandje. 'Hier komen,' riep ze zo zacht mogelijk, waarna vader, de camping wakker schreeuwend, vroeg 'of het wat rustiger kon'. Die dreigende wassituatie vereiste een plan. Dus stormden we gezamenlijk naar buiten en

zelden slaagde moeder erin om een van ons te van-
gen voor een wasbeurt. De dag was begonnen. Nu
nog vijftien cent zien te vinden.

Automatiek

Vanachter een vol bord Bambix keek ik naar vader. Die liep met zijn hoofd vol scheerschuim in de keuken heen en weer tussen de wasbak en het spiegeltje dat boven het koffiezetapparaat hing. Een afstand van nog geen anderhalve meter in onze krappe keuken. Ondertussen nam hij hardop zijn agenda door ('Frans, mentoruur, Engels, middag vrij, vanavond voetbalclub'), stopte de door moeder gesmeerde en in vier stukken gesneden boterham in evenzoveel happen in zijn mond, sloeg een met kraanwater aangelengd glas thee achterover, stimuleerde ons – 'Wegwezen jullie!' – om naar school te gaan, en bedankte moeder met de gebruikelijke woorden: 'Mmm, lekker, Riet'. Gezien de nonchalance waarmee dit gebeurde moet zijn ontbijt elke dag naar scheerschuim gesmaakt hebben, maar hij klaagde daar niet over. Blijkbaar went die smaak. Nadat bijna al het witte schuim weer van zijn gezicht verdwenen was, gooide hij de scheerkwast en het scheermes bij de nog druipende staaf scheerzeep in een langwerpig wit plastic bakje, en legde dat terug in het keukenkastje. Alle geluidjes bij die handelingen herkende ik met mijn ogen dicht. Het droogschudden van de kwast, de schelle tikjes waarmee de haar- en zeeprestjes van het mes werden geklopt, het lawaai dat die attributen maakten wanneer ze gehaast en routineus in een plastic bakje werden gegooid, en natuurlijk het dichtslaan van het enigszins scheef hangende keukenkastdeurtje. Moeder had daar al eens over geklaagd. 'Is het nu nog niet gemaakt?' Volgens vader had maken weinig zin, want het zat scheef omdat 'iedereen er altijd maar aan hing'. Onzin. Alleen zijzelf gebruikten het deurtje als steuntje wanneer ze moesten bukken om een afwasbak of koekenpan uit het kastje te pakken.

Nadat alle scheerspullen waren opgeruimd draaide vader de kraan weer open om de laatste zeepresten van zijn gezicht te spoelen. Dat ging altijd gepaard met een oorverdovend 'Bbbffflelelebrrrr!' Na al die jaren leek moeder daar toch nog steeds van te schrikken. Vervolgens liep hij door naar de woonkamer, waar ze een gestreken overhemd voor hem had klaargelegd. De dag kon beginnen. Voordat hij vertrok ('Riet, ik ga') keerde hij moeder zijn rechterwang toe, waarna zij er een dikke zoen op gaf. Altijd de rechter, omdat hij zelf rechts was, en het daardoor makkelijker is om je hoofd linksom te draaien. Dat wist ik van de koptraining op de voetbalclub, waar de trainer had gezegd dat rechtsbenige spitsen het liefst over hun linkerschouder koppen. Voor zoenen gold hetzelfde. Ik was erop gaan letten en het klopte altijd. Niet alleen bij ons in de keuken. In de deuropening riep hij: 'Niet vergeten, Riet, twee Caballero', en toen was hij echt weg.

Ik at mijn Bambix van een plastic bord met een afbeelding van Holle Bolle Gijs. Dat kinderachtige bord was een cadeautje voor mijn heilige communie en bleek helaas onverwoestbaar. Vijf jaar lang at ik zes ochtenden per week pap tot de veel te vrolijke tronie van die Bolle Gijs tevoorschijn kwam. Er waren betere manieren om de dag te beginnen. Met beschuit met hagelslag en pindakaas bijvoorbeeld, maar die luxe was er alleen op zondagochtend. Andere jongens kregen een horloge voor hun communie, meisjes een bedelarmband. Ik een bord. 'Komt altijd van pas,' zei vader. Na mij heeft Lexi er nog een tijdje uit gegeten. Toen die onder verdachte omstandigheden was gestorven belandde mijn communiecadeau in de garage en gebruikte vader het als verfbakje. Schuttinggroen lag Gijs nog jaren onder de werkbank.

Met de buik vol pap wachtte ik tot de tandenborstel vrijkwam, en na een snelle poetsbeurt liep ik naar school. In mijn broekzak zat een Duits muntstuk van twee pfennig en twee plastic rode fiches van een bingospel. Daar zou ik na school misschien nog iets lekkers mee kunnen trekken.

Dat bingospel was de gezamenlijke wens van een gelegenheidscoalitie bestaande uit Irma, Prisca, Yolanda en mij, die met sinterklaas in vervulling was gegaan. Het bevatte een zak vol ronde houten, genummerde blokjes, 24 bingokaarten en bijna honderd fiches. Om die fiches was het ons te doen, want die boden net als de pfennigs, ongekende mogelijkheden. Ze werden door automaten namelijk aangezien voor kwartjes. Niet alleen snoepautomaten, ook verschillende flipperkasten en enkele jukeboxen slikten dit valse geld. Irma wist precies welke. Ze zei dat Peter er gratis mee biljartte in café Kolks. De biljartklok daar pakte het dus ook aan. Mij leek het uiterst riskant om in vaders stamcafé nepgeld te gebruiken. Dat moest opvallen, want andere biljarters, zoals vader, vroegen altijd kwartjes aan eigenaresse Elly. Die pakte ze dan uit de kassa, legde ze vast klaar op de rand van de klok en schreef ze bij op de rekening. Dat had ik vaak genoeg gezien als ik vader moest ophalen in het café.

Irma kende alle apparaten in het dorp, en had mij het nodige geleerd over de vele mogelijkheden die ze boden. Als ik met Duitse munten een rol Autodrop trok, lukte het me daardoor soms om er nog een extra rol, die van het volgende laatje, uit te peuteren. Dat deed wel wat pijn, en vroeg om een handlanger die ervoor zorgde dat het laatje niet terugklapte met je vingers er nog in, maar het werkte wel. Ook fiches en pfennigen werden soms schaars, anders zouden we deze toeren niet hoeven uithalen. Irma was met deze truc bij de enige snackbarhouder in het dorp met een automatiek nog een stapje verdergegaan.

Die man heette Stiet en adverteerde in de *Zwart-Wit*, het huisorgaan van de voetbalvereniging, met de slogan: 'Snacks van Stiet, wie kent ze niet!' Vader wond zich daarover op. Hij beweerde dat het uitroepteken een vraagteken moest zijn, en noemde het een gemiste kans dat de snackman 'Stiet' niet op 'friet' had laten rijmen. 'Gelukkig heeft hij geen reclamebord langs de lijn.' Ik kende niemand, behalve mijn ouders, die het over friet had. Iedereen in Silvolde zei patat. Alleen in Horssen, het tachtig kilometer verderop gelegen geboortedorp van mijn ouders, hoorde ik de mensen friet zeggen. Moeder vond het gezeur. 'Als die man dat toch mooi vindt.' Vader zei dat het er niet om ging wat Stiet mooi vond, maar wat goed was. Zeker als hij een bord zou nemen. 'Dan wordt het vast een bord friet.' Die grap van moeder ging de mist in.

Bij het snackassortiment van deze Stiet dus, probeerde Irma een uitgebreidere variant van de automatentruc uit te halen. Eerst gooide ze twee munten van twee pfennig in de geldgleuf die hoorde bij de sectie kroketten. Ze opende het luikje, pakte een kroket en gaf die snel door aan Yolanda. Nu zou ze het luikje weer moeten sluiten, maar in plaats daarvan stak ze haar magere arm er zo ver mogelijk door- heen. Met haar hoofd en de rechterschouder strak te- gen de wand met glazen luikjes gedrukt, zocht ze met haar hand naar snacks in belendende vakjes. Vanwe- ge haar ongemakkelijk positie kon ze zelf onmogelijk zien of haar hand al in de buurt van een tweede gra- tis snack was. Daarom moesten Prisca en Yolanda haar sturen. 'Naar rechts. Omhoog. Verder.' Yolan- da wilde haar naar het rijtje vakjes sturen dat voor de frikadellen bedoeld was. Daar lag er nog eentje, op een te klein kartonnetje dat eigenlijk voor kroket- ten bedoeld was. Gezien het rimpelige uiterlijk lag deze vleesstaaf er al veel langer dan vandaag. Prisca wist zeker dat ie al koud was. Ze hield ook niet van frikadel; liever had zij een extra kroket. Makkelijker gezegd dan gedaan, want de enige kroketten die er waren lagen achter de luikjes net onder en boven het vakje waar Irma haar arm door had gestoken, en zo'n scherpe hoek kon haar arm niet maken. Ze pro- beerde het wel. Jammer genoeg belandde ze elke keer een vakje te ver en greep ze in een van de leeg- staande compartimenten. Ze moest omhoog, maar ook weer niet te ver. Een onmogelijke opdracht. Ter- wijl Yolanda steeds weer 'Naar rechts' riep, herhaal- de Prisca haar instructie 'Naar boven, terug, nu'. Toen dat niet lukte trachtte ze Irma naar de kroket in het lager gelegen vakje te leiden. 'Zakken, warm,

warm, ja, nu.' Ook de onderliggende kroket was on-bereikbaar.

Hoewel ik alleen op de uitkijk mocht staan, had ik allang gezien dat ze zich op de bamiblokken moest richten. Die lagen links van de kroketten, met daar-tussen alleen nog een lege kolom nasischijven. Twee stuks, op iets minder dan een armlengte afstand van de opening waar Irma haar arm door had gestoken. En vanuit lichamelijk oogpunt gezien – een elleboog kan tenslotte maar naar één kant buigen – lagen ze ook nog eens in de goede richting. Dus voor het grij-pen als het ware. 'Naar links de bami,' riep ik. 'Be-moei je er niet mee,' zei Prisca, waarna ze mijn woorden herhaalde. 'Bedoel je?' vroeg Irma. Door-dat haar gezicht tegen de luikjes drukte, was ze nogal moeilijk te verstaan. 'Schiet op. Naar links. De ba-mischijf,' zei Prisca weer. Nu kon ik me niet langer inhouden. 'Het is geen bamischijf, maar een bami-blok. Nasischijven, bamiblokken.' Zo moeilijk was dat toch niet? 'Nou en?' zei Prisca. Door de glazen luikjes zagen we Irma's arm de goede richting uit-gaan. Prisca gaf de laatste aanwijzingen. 'Zakken. Ja. Nu!' Hebbes. Irma pakte de bamischijf op, maar liet hem direct weer los. Blijkbaar was hij veel te heet. 'Help. Hel-lup,' riep ze en het leek als haar woorden enigszins gesmoord werden doordat ze haar hoofd nog dichter tegen de snackwand duwde. Wat een overdreven gedoe. En dat alleen vanwege een paar gebrande vingers door een heet bamiblok. 'Pak die schijf nou,' riep Yolanda. 'Blok. Het is een bamibl...'

Wham! Voordat ik ook Yolanda had kunnen vertellen dat bami niet in schijven zat, schoof Stiet met een keiharde klap het houten loket, dat precies in het midden van de automatiekwand zat, open. Daar konden klanten geld wisselen, klagen en patat bestellen, en normaal ging het alleen open als er gebeld werd. Dan stak de eigenaar zijn – opvallend grote – hoofd erdoor en riep: 'Wat is er?' Elke klant die belde in plaats van trok, beschouwde hij als een grote inbreuk op zijn privacy. De grootste hekel had Stiet aan bijdehante klanten die snacks die ook te trekken waren persoonlijk bestelden aan het loket. Dat deden ze wanneer er twijfel bestond over de versheid van de snacks achter de raampjes. Die twijfel was vaak terecht, maar werd door hem ervaren als een diepe belediging. Wie dus een kroket bestelde en hoopte dat er voor hem speciaal eentje in het frituurvet werd gegooid, kwam bedrogen uit. Die klant kreeg altijd het exemplaar dat er al het langst lag.

We schrokken ons een ongeluk. De geheel betegelde snackruimte had een akoestiek waardoor het geluid van het opengeschoven loket van alle kanten leek te komen. Yolanda verslikte zich in het laatste stukje kroket. Binnen dezelfde seconde stak Stiet zijn hoofd voor de zoveelste keer door het loket. Alleen riep hij nu niet 'Wat is er?', maar schreeuwde hij op dreigende toon: 'Hoes! Wat moet dat!'

Irma zat gevangen. In een vroeg stadium van de snackroof had Stiet haar al in de gaten gehad. Dat kwam door de aanwijzingen van de luidruchtige handlangers Prisca en Yolanda. En in feite had ik aan de verkeerde kant van de snackwand op de uitkijk gestaan. Eerst had hij zich ingehouden en slechts gekeken van wie die dunne arm was en wat die precies wilde. Nou, dat was snel duidelijk.

Pas toen Irma het bamiblok wilde pakken was zijn, op zich best lange geduld op en had hij haar bij de arm gegrepen. Daarom had ze het blok natuurlijk losgelaten, bedacht ik. Het was helemaal niet te heet geweest om op te pakken. Gezien de lage omzetsnelheid van de snacks bij Stiet kon dat ook helemaal niet. 'Au, au. Lamelos.' De situatie zag er voor Irma meer dan zorgelijk uit. Want om haar goed de waarheid te kunnen vertellen moest Stiet niet alleen zijn hoofd ver door het loket steken, maar daarbij tegelijkertijd ook haar rechterarm blijven vasthouden. Die twee tegengestelde handelingen waren alleen te combineren ten koste van Irma. Haar gezicht werd nu niet meer tegen het glas geduwd, maar getrokken. Praten was onmogelijk geworden. In ieder geval waren wij betrekkelijk veilig, want zolang Stiet Irma in zijn greep hield, kon hij zelf ook geen kant op. Wel bleef het gevaar dat zijn vrouw ons via een zijdeur zou benaderen en van achteren aanviel. 'Dat mens is net zo erg,' had Irma een keer gezegd.

Of dat echt zo was viel nog te bezien. Ze had dat geroepen na een onduidelijk voorval met enkele oudere vriendinnen in het zitgedeelte van snackbar Stiet. Daarbij hadden ze zo wild gedaan met een flipperkast dat die kast tegen de ruit was gekomen en een barst had veroorzaakt. Natuurlijk moest die vergoed worden. Irma zei dat er al een begin van een barst in die ruit moest hebben gezeten, anders was het nooit gebeurd. Ze hadden namelijk heel zacht het raam geraakt. Het argument dat de flipperkast niet eens op tilt was gesprongen overtuigde vader niet. Na wat gesteggel was men een redelijk schadebedrag overeengekomen. Een bedrag dat Irma ook nog eens met vier vriendinnen kon delen. Toch zei ze dat mevrouw Stiet 'er een slaatje in wilde slaan'. Moeder verbeterde haar: 'Het is uit slaan.' Maar Irma hield vast aan 'in', waarop moeder ter verduidelijking en met enige stemverheffing zei: 'Ze wilde er een slaatje uit slaan.' Daar werd vader, die in zijn favoriete stoel lag te slapen, wakker van. Hij was best tevreden geweest over de afgesproken vergoeding en wist dus niet goed wat hij hoorde. 'Riet. Wat bedoel je?' Nadat ze het misverstand uit de wereld had geholpen deed hij zijn ogen dicht en sliep weer verder. Moeder snapte niet dat iemand van die leeftijd – ze bedoelde vader – zoveel kon slapen en liet dat duidelijk merken. Even bij de s kijken in een van de dikke delen van onze zwarte *Winkler Prins Encyclopedie* kwam nooit bij haar op. Uiteindelijk zouden slechts twee vriendinnen meebetalen – de rest had zogenaamd alleen maar gekeken – en draaide vader op voor het resterende schadebedrag.

Gelukkig was mevrouw Stiet nergens te bekennen. 'Nou. Weet je het antwoord al?' Stiet had haast. Begrijpelijk, want voor hem was de absurde situatie fysiek ook allesbehalve comfortabel. Zijn hoofd werd steeds roder en leek op te zwellen. Om te ontspannen zou hij Irma's arm wat kunnen laten vieren, maar dat kon alleen als hij zijn hoofd terug zou trekken door het loket. Uitgesloten dus, want dan zou hij de verdachte uit het oog verliezen. Enfin, dat was allemaal niet onze zorg. Wij stonden in dit conflict, want zo konden we het inmiddels wel noemen, letterlijk en figuurlijk aan Irma's kant. Mochten veiligheidsoverwegingen ons er echter toe nopen het op een lopen te zetten, dan zouden we zonder problemen onze solidariteit weer vergeten. We waren ook niet gek. Zover was het nog niet. 'Ik hoor niets,' zei Stiet. 'Zeg dat je de kroket liet vallen bij het pakken. Aan hun kant. En dat je hem wilde oprapen,' fluisterde Yolanda. Een slechte smoes, want de afstand van leeg vakje naar vloer was op deze manier niet te overbruggen. 'Leeg. Ik had een leeg vakje. Per ongeluk. Echt. En daarom wilde ik een andere pakken.' Het antwoord van Irma was geniaal. Geen speld tussen te krijgen, want inderdaad: de meeste vakjes waren altijd leeg. Alleen sukkels trokken soms een luikje open waar niets achter lag. Vervolgens drukten ze op de bel bij het loket en belandden in een welles-nietes-discussie, die Stiet meestal rond de zesde nietes afsloot door het luik weer dicht te gooien. Het was vader ook weleens overkomen. Moeder had het verbouwereerde gezicht van vader de vijftig cent meer dan waard gevonden. Op verjaardagen was het verhaal door haar nog vaak als anekdote opgedist en altijd eindigde ze met: 'Je had zijn gezicht moeten zien.' Daarop zei vader steevast: 'Moet dat nou, Riet', en dan zei zij: 'Jacques vindt het nooit leuk als ik dit vertel.' Doe het dan niet, dacht ik.

'Waarom heb je dan niet aangebeld?' schreeuwde Stiet. Nu werd ie mooi. Bellen hielp niet. Nooit. Dat wist hij als geen ander. 'Da-hat. Dat dur-rufde ik niet.' De greep van Stiet verslapte. Hij was veel gevoeliger voor kindertranen dan we dachten. 'Vanwege de flipperkast.' Nu leek hij Irma's arm los te gaan laten. 'Maar dat van die ruit is toch allang geregeld?' Hij liet los! Irma trok haar arm terug, verloor daarbij het enige bedeltje dat nog aan haar bedelarmband zat, en rende zonder om te kijken het halletje van de automatiek uit. Ze wist namelijk donders goed dat Stiets net weer opgeknapte humeur helemaal zou omslaan als hij de Duitse muntstukken zou ontdekken. Dat bedeltje kon haar overigens niets schelen; ze haatte meisjesdingen. 'Hier blijven,' riep Stiet nog, maar dat hoorde Irma al niet meer. 'Die zus van jullie, is...' Stiet richtte zich nu tot ons, maar ook wij gingen ervandoor.

Pas thuis zagen we Irma weer. Ze was duidelijk al over de eerste schrik heen en riep stoer: 'Volgende keer moeten we meteen een bamischijf proberen.' Ze had er dus helemaal niets van geleerd. Het was blok. Bamiblok.

Hondenlevens

Lexi was weg. Voorgoed. Volgens vader naar het asiel. Hij zei dat ze het daar met allemaal speelkameraadjes vast reuze naar haar zin had. En misschien zelfs nog weleens werd opgehaald door iemand met een kasteel. 'Stel je voor, onze Lexi. In een paleis. Lekker iedere dag Chappie eten.' Ik had er vrede mee. Agnes en Gemma niet. Zij hadden zo hun vraagtekens bij de mooie woorden van vader, en dachten dat er iets heel anders was gebeurd met onze cockerspaniël. Agnes sprak zelfs van moord. Moeder was niet de enige die schrok van dat woord en zei: 'Pappie is geen moordenaar.' Altijd fijn om dat over je vader te horen.

Toch was Agnes' vermoeden niet onterecht, want er was al eens eerder een huisdier onder verdachte omstandigheden gestorven: Sacco, de lelijke voorganger van Lexi. Die had twee linkerpoten gebroken bij een aanrijding door een man op een brommer in een lange leren jas. Hij was even gestopt en daarna snel doorgereden. 'Hij kwam niet van hier, anders had ik hem wel gekend,' zei de man die Sacco naar huis had gebracht tegen moeder. Hij had het ongeluk niet zien gebeuren, maar Sacco wel horen janken. Een verschrikkelijk geluid, dat volgens hem overal doorheen ging. Toen hij het hoorde, wist hij meteen dat het niet goed was. Vader vroeg aan moeder hoe die man heette. Alsof dat wat uitmaakte. Ze kon niet meer op zijn naam komen. Wel herinnerde ze zich dat hij op 22 woonde, en best knap was. Dat hoefde vader dan weer niet te weten. 'Wat heeft dat er nu mee te maken?' Ik vroeg of Sacco links was. Wisten ze niet eens. De dierenarts koos er nog dezelfde dag voor om hem met een spuitje te laten inslapen. De gebroken poten opereren beschouwde hij niet als een serieuze optie. 'Daar kan ik niet aan beginnen,' had hij gezegd. Voor vader was daarmee de kous af. 'Als hij er niet aan kan beginnen, dan houdt het op.' Die zin moest hij van moeder herhalen, want ze meende dat die niet klopte. Volgens vader klopte die wel, maar begreep ze hem niet.

Dat kibbelen net na Sacco's dood was nogal ongepast en kwam ongetwijfeld door de spanning. Die werd bij vader – moeder had daar minder last van – mede veroorzaakt door de 'verbouwing' die gaande was. Want het gelukkige toeval wilde dat de dood van Sacco plaatsvond enkele dagen nadat de houten garage was verplaatst. Een ogenschijnlijk volstrekt zinloos project, waarbij de garage in zijn geheel door zeven mannen uit de buurt, en Peter en Guido, een kleine meter was opgeschoven. Vader had niets getild en slechts aanwijzingen gegeven. Daar was hij goed in. 'Ja, ja. Terug. Naar achteren. Klein stukje. Ai, ai. Ja, nee. Wacht. Stop, stop. Peter en Guido weg. Langzaam zakken, pas op de vingers. Ja. Hier. Klaar.' Ik genoot. Van het stoere megatransportje, maar nog meer van de verbale begeleiding. Onder de helpers heerste ook de nodige verbazing over de kleine transportafstand. Daarop had vader iets gezegd over het kadaster dat ik niet begreep, maar zijn helpers wel. Iedereen lachte en iemand zei dat ze nu wel koffie verdiend hadden. Vader schreeuwde: 'Riet, hoe is het met de koffie?' Dat was allemaal een week voor het ongeluk van Sacco.

Dus toen vader terugkwam van de dierenarts, was het niet meer dan vanzelfsprekend wat Sacco's laatste rustplaats zou worden. Met doos en al werd hij in het zand onder de garage begraven, en nog dezelfde dag werd daar een laag cement op aangebracht. Tenminste, dat was wat we dachten.

In werkelijkheid was Sacco bij de dierenarts in de kadaverbak gelegd en ging bij ons een lege doos de grond in. Het verdriet was er niet minder om. In dat cement mocht Prisca met de achterkant van een verfkwast HIER RUST SACCO schrijven. Yolanda, die de hele dag huilde, zei dat Sacco met een K was, maar gelukkig luisterde Prisca daar niet naar. Helaas vergat ze wel dat het met dubbel c was en stond er HIER RUST SACO. 'Maakt niet uit, zo is het goed,' zei vader. Yolanda begon nog harder te huilen. Vader had haast, want hij was nog lang niet klaar met de rest van de garagevloer en cement droogde snel. Buurman Prins, een moeilijk verstaanbare bouwvakker, hielp vader bij deze serieuze klus. Hij had ook voor een grote plastic cementbak en een kruiwagen gezorgd. Vader had het steeds over beton storten. Keer op keer werd hij verbeterd door Prins. 'Tiscement.' Hoofdschuddend sloeg hij ons begrafenisritueel gade, mompelend: 'Tismaar nond.' Hij vond dat het maar een hond was.

'Zo is het helemaal niet goed,' zei moeder, en op haar hurken probeerde ze de fout gespelde naam te corrigeren voordat het cement hard zou worden. Ik wist niet wat ik zag. Nog nooit had ik haar gehurkt zien zitten zonder zich ergens aan vast te houden. Op haar tenen balancerend maakte ze van de o een c, en daar schreef ze een nieuwe o achter. Toen stond er HIER RUST SACCO. Yolanda en Prisca legden gele boterbloemen en blauwe korenbloemen op het graf, en verboden mij om er wat paardenbloemen op te leggen. Dat vonden ze onkruid. Van moeder mocht ik ze er wel bij leggen. Geen enkele hond had zo'n mooi graf. Vader sloot de ceremonie krachtig af: 'En nu allemaal opgedonderd.'

Een uur later kwam Irma thuis van een logeerpartijtje. 'Waar is Sacco?' was het eerste wat ze vroeg. Moeder zei dat Sacco sliep en een heel mooi bedje had. Geen stapelbed. Wij kenden alleen maar stapelbedden. 'Kom maar mee.' In de garage, die inmiddels voor de helft van een nieuwe vloer was voorzien, zag Irma het graf van haar lievelingsdier. Ze ontstak in woede. 'Sacco. Zonder mij. Lief. Rotmammie. Rotpappie.' Met een Van Nelle in zijn mond herhaalde buurman Prins zijn mening: 'Tismaar nond.' Irma schopte tegen de bloemen, en tot onze grote schrik maakte een van haar rode laarzen daarbij een afdruk in de nog niet uitgeharde grafsteen. Dat smaakte bij Irma naar meer, en voordat de schade nog groter werd trok moeder haar de garage uit. Yolanda begon weer te huilen, en daardoor besefte ik pas dat ze daar dus even mee gestopt was. Ondanks de laarsafdruk bleef HIER RUST SACCO goed leesbaar. Irma was niet te kalmeren. Vader wilde snel door met het sneldrogende cement. 'Dan nemen we wel een nieuwe hond.' Het was eruit voor hij er erg in had. Yolanda en Irma stopten abrupt met huilen, moeder wierp een vernietigende blik in vaders richting, die deed snel alsof hij iets deed, en Prins bromde: 'Opgelost.'

Gezien deze voorgeschiedenis was het dus niet zo vreemd dat Agnes – Lexi was eigenlijk haar hond – over moord sprak. Het terreurbewind dat Lexi bij leven had uitgeoefend leek in één keer met terugwerkende kracht vergeten. De tientallen bijtpogingen, het eeuwige gejank tijdens het avondeten en het om de haverklap weglopen. Stond moeder naast het huis weer een kwartier te roepen. 'Lexi... Chappie! Lexi... Chappie!' Normaal kreeg Lexi droge brokken of onze restjes te eten, maar als ze wegliep werd er een duur blik Chappie opengetrokken om haar mee naar binnen te lokken. Lexi moet dat patroon herkend hebben. Moeder was ook de enige die elke dag de hondenriem pakte en haar uitliet. Die riem had een vaste plek aan de verwarmingsbuis in de keuken. Het was de slechtst denkbare plek voor dat attribuut. Want die buis zorgde ervoor dat Lexi het altijd hoorde als de riem, hoe licht ook, werd aangeraakt. Maakte niet uit waar ze was. Dan begon ze te blaffen en daar stopte ze pas weer mee als ze de riem om kreeg en uitgelaten werd. Het verschil tussen per ongeluk aanraken en de riem bewust pakken herkende Lexi helaas niet, al wisten we dat niet zeker.

Haar wangedrag werd wel altijd met de mantel der liefde bedekt, maar toen ze bij het eerste bezoek van Guido's nieuwe vriendinnetje de tanden in haar kuiten wilde zetten was voor vader de maat vol. 'Nu gaat ie weg,' riep hij woedend, 'meteen!' Niemand protesteerde of huilde. Wel zei iemand dat een asiel heel zielig was. Vader had andere plannen. Nog dezelfde avond bracht hij samen met Peter Lexi met de auto naar de dierenarts voor een spuitje. Een wandeling was een waardiger afscheid geweest, maar aan decorum had hij even geen boodschap. Lexi moest weg. De dierenarts bekeek haar grondig en drukte vader vervolgens enthousiast de hand. 'Gefeliciteerd, meneer Hoes. Ze mankeert niets. Kan nog jaren mee.' Dat was niet de bedoeling. Peter werd met Lexi naar de wachtkamer gestuurd, waarna vader ging overleggen met de dierenarts. Die schreef een telefoonnummer op een briefje en gaf dat aan vader. Daarna liepen ze naar de wachtkamer, waar ze afscheid namen. Peter, die niets over het gebeurde mocht vertellen, zou later tegen Agnes zeggen dat ze daarbij keken 'als in een film'. Hij probeerde die filmblikken op Agnes verzoek na te doen, maar stopte daar na tien pogingen mee omdat hij er naar eigen zeggen hartstikke scheel van werd.

Tot grote verrassing van iedereen kwam Lexi dezelfde avond dus weer thuis. Ze kwispelde zelfs. 'Dicht. Het asiel is dicht op woensdag,' loog vader, zonder Peter uit het oog te verliezen. In de keuken overlegde hij fluisterend met moeder. Zij sloeg een hand voor haar mond, en vader begon in zijn zakken te zoeken. Briefje kwijt. Lag nog in de auto. Daar vond hij het terug en in de hal draaide hij het nummer dat erop stond. Het gesprek duurde nog geen minuut. Het enige wat ik hoorde was 'twintig'. Vader hing op en vertelde dat het asiel morgen zelf iemand langs zou sturen om Lexi op te halen. En dat ze nu al heel blij waren dat ze kwam.

De volgende avond kwam een dikke man met fel-rode wangen Lexi ophalen. Ik kende die man. Van de slager. Daar hielp hij regelmatig een handje mee, en ik had verschillende keren een plakje worst van hem gekregen. Lexi ook. Alle kinderen moesten in de woonkamer blijven, want anders zou het afscheid, het tweede binnen een etmaal, veel te verdrietig voor haar worden. Ik glipte de keuken in en verborg me achter moeder. Ze greep direct mijn hand. Voor de laatste keer werd de riem van de cv-buis gepakt. Lexi blafte. De slagershulp stond erop om de riem zelf bij Lexi om te doen. Ze probeerde hem te bijten, maar hij had duidelijk vaker met dit bijltje gehakt. Met het uiteinde van de riem gaf hij haar een flinke tik op de neus. Dat hielp dus wel. Vader vroeg: 'Riet, heb je geld?' Moeder pakte drie bankbiljetten uit haar beha, stopte er twee weer terug, en gaf vader een briefje van 25. Hij overhandigde het aan de hondenmepper en zei: 'Laat de rest maar zitten.'

Tropisch Oosten

Wij waren het enige gezin in de hele omgeving dat voor groepskorting in aanmerking kwam bij Tropisch Oosten, het dierenpark annex speeltuin dat een kilometer buiten de bebouwde kom van ons dorp lag. Daarom werden we ook zeker drie keer per jaar een hele dag gedropt in deze beroemde regionale attractie. 'Tropiesjoosten,' noemden we het, zonder enig idee te hebben waar die naam vandaan kwam. Leuk was anders.

Zo'n dagje Tropisch Oosten werd nooit aangekondigd en kwam altijd uit de lucht vallen. Als er al een aanleiding was, dan betrof het meestal een escalerende vechtpartij met te veel betrokkenen. Om daar een einde aan te maken en zo thuis de rust weer te herstellen zei moeder: 'Jacques, waarom gaan jullie niet een lekker dagje naar Tropisch Oosten?' Niemand wist waar dat 'lekker' vandaan kwam, en vader interpreteerde 'gaan' altijd als 'brengen'. Hij hield niet van dieren en speeltuinen, en al helemaal niet als daar ook nog eens acht kinderen in de gaten gehouden moesten worden. Onze Lexi had het voor alle andere dieren verpest. Vader voelde zich alleen verantwoordelijk voor het transport. Hij bracht ons, en soms wilde hij ons ook nog weleens ophalen. Meestal echter schoot dat logistieke gedeelte erbij in.

'Goed idee, Riet,' zei vader. 'Allemaal in de auto.' Moeder vond dat er eerst nog een boterham gegeten moest worden, maar vader zei dat daar geen tijd meer voor was. Een jas was volgens hem ook niet nodig want die kon alleen maar vies worden of kwijtraken. Daarnaast scheelde het de nodige ruimte in de auto. Protesteren hielp niet. Iedereen moest mee. Alle acht, want alleen dan kwamen we in aanmerking voor de groepskorting. Met zeven gold die niet meer. Agnes wilde niet mee. 'Dan hoef je voor mij ook niet te betalen.' Daar wilde vader niets van weten, omdat hij dan zeven keer de volle mep kwijt was. 'Ik blijf ook liever thuis,' zei Peter, 'hoef je maar zes kaartjes te betalen.' Mocht er nog iemand weigeren, en we aan vijf kaartjes genoeg zouden hebben, dan kwam onze gezamenlijke entree exact overeen met de groepsprijs. Maar daar dacht vader heel anders over. 'We gaan allemaal, of niemand gaat, dus schiet op, in de auto.' Dat 'dus' liet geen ruimte voor discussie. Moeder, die een lekkere rustige zondagmiddag in het vooruitzicht had, koos – niet geheel zonder eigenbelang – voor de minderheid. 'Kom op jongens, doe wat pappie zegt.'

Het was krap in de Fiat, maar het ging net. Op de achterbank zaten Agnes, Peter, Guido en Gemma en over hun schoot lag Irma. Op de bijrijdersstoel, mammies stoel, zaten Yolanda en Prisca, en ik zat op de grond voor ze. Dat was min of meer mijn vaste plek. Daar zat ik ook als we naar oma gingen, en dan deelde ik mijn plek met de voeten en de tas van moeder. Nu met vier kindervoeten. Het alternatief was de hoedenplank, maar dat vond vader niet goed omdat hij dan niets in de spiegel zag. Toen begreep ik dat niet, nu snap ik dat hij dan niet via de spiegel *achter* zich kon kijken. 'Niet zeuren, het is maar een klein eindje,' zei vader, 'en als je politie ziet: direct bukken.' Daar gingen we. Vader stak een Caballero op, Irma werd slachtoffer van een kietelaanval door haar broers, Yolanda trapte twee keer op mijn hand en meer gebeurde er niet tijdens het vijf minuten durende ritje naar Tropisch Oosten.

De eigenaar daarvan bezat ooit een volière vol bonte papegaaien. Die vogels stelde hij af en toe met veel succes tentoon in de zaal van het nabijgelegen café 't Molentje. Van het een kwam het ander. Hij bouwde er wat hokken bij en vulde die met apen. Er werd ergens een echte beer op de kop getikt, en daar werd een diepe leefkuil voor gegraven. Verder waren er veel te veel papegaaien en een stinkend dier waarvan beweerd werd dat het een kruising tussen een miereneter en een stekelvarken was.

Bij de kassa vroeg vader zogenaamd gekscherend, maar in feite calculerend, of er ook korting was voor kleine groepen. Die was er natuurlijk niet. Wel onder 'groepen' willen vallen, maar daarna de omvang relativeren: daar trapten ze niet in. Jammer, want het wisselgeld dat hij terugkreeg mochten wij verdelen. Peter kreeg die opdracht en stopte het ons onbekende bedrag snel in zijn zak. 'Tot vanmiddag,' riep vader, en weg was hij.

Daar stonden we dan met z'n achten. Al een klein beetje hongerig en als enigen zonder jas. En die hadden we nu best kunnen gebruiken. Niet alleen om warm te blijven, maar ook als bescherming. Want het enige pad naar de speeltuin was vol gevaren. Eerst moesten we langs de verschrikkelijk papegaaien. Die zaten niet in afgesloten hokken, maar stonden op hangende ijzeren beugels naast het pad. Van daaraf joegen ze bezoekers de stuipen op het lijf. Want al zaten ze met één poot wel vast aan een ketting, de lengte daarvan, en dus ook hun reikwijdte, was nooit goed in te schatten. Altijd was er wel een gevederde vijand die je oog probeerde uit te pikken. Daarna moest je langs het terras van de kantine, waar het al net zo gevaarlijk was. Op alle tafels stonden glazen limonade met daarop bierviltjes. Die waren bedoeld om wespen gevangen te houden of af te schrikken, maar hadden een enorme aanzuigende werking. Van heide en verre kwamen ze aanvliegen om deze limonadevallen met hun eigen oogjes te aanschouwen. Het was niet voor niets dat we thuis onze ranja altijd binnen moesten opdrinken. De vrouw van de kantine had ons een keer verteld dat ze een grote wespeneter in de dierentuin hadden gehad, maar dat die was ontsnapt. We geloofden haar.

Na deze hindernissen kwamen we bij het enige interessante dier van Tropisch Oosten: de beer. Die sloop de hele dag over de bodem van zijn diepe betonnen kuil en het verhaal ging dat het monster ooit een meisje uit Terborg had verzwolgen. Scheen haar eigen schuld te zijn geweest, omdat ze te ver over het muurtje boven de rand van de kuil had gehangen. Dat de beer, die overigens geen naam had, niet meer slachtoffers had gemaakt, mocht gerust een wonder worden genoemd. Zo hoog was dat muurtje namelijk niet.

De rest van de dieren lieten we links liggen. Ze stonken en we mochten ze niet. En zij mochten ons niet. Moeder waarschuwde Gemma, de enige van ons die een bril droeg, ook altijd om bij de apen uit de buurt te blijven, want voor je het wist greep een aap die bril en zette hem zelf op. Dat had ze vast uit de *Libelle,* want bij Tropisch Oosten gebeurde dat niet. Geen enkele aap droeg daar een bril.

Tijd voor de speeltuin. Daar stond onder meer een klein huisje met een mooie modelspoorbaan die in werking kon worden gezet door ergens een dubbeltje in te gooien. Die deed het nooit. Dat wisten we, dus dat maakte niet uit. Hoe vaak we nieuwe bezoekers ook waarschuwden, altijd sloegen die onze adviezen in de wind en probeerden ze toch de treintjes in beweging te krijgen. Aan briefjes met DEFECT deed men niet in Tropisch Oosten. Bezoekers die klaagden over deze omissie kregen te horen 'dat ze dan wel aan de gang konden blijven'. Klopte, want de apen in de Bimbobox bewogen ook nooit. Wie verhaal ging halen kreeg te horen 'dat ze het net nog deden'. Dat zei de kantinedame soms wel vijf keer op een dag en eigenlijk impliceerde ze daarmee dat er geen geld in de Bimbobox was gegooid. Een valse beschuldiging, tenzij die tegen een van ons werd geuit. Dan kon er een flinke kern van waarheid in zitten.

Er was een draaiende ton tussen twee hoge leuningen. Daar kon je alleen op blijven staan als je heel hard liep. Een bizarre attractie, die ervoor zorgde dat de EHBO-trommel niet verstofte. Want alleen geoefende tonlopers belandden niet met blauwe plekken op de grond. Je in noodgevallen vastgrijpen aan een van de hoge leuningen maakte de zaak alleen maar erger: dan sloeg je met je hoofd tegen het ijzerwerk.

Ook was er een groot houten rad waar je in kon lopen. Daar joegen Peter en Guido ons de stuipen op het lijf door zo hard te rennen dat je viel, waarna het rad bleef doordraaien. Met als gevolg een nog kapottere broek en geschaafde knieën. Alleen Prisca kon tegen haar broers op. Door zich schrap te zetten kon ze zonder te vallen verschillende keren over de kop gaan in het rad. Levensgevaarlijke attracties, maar kinderspel vergeleken bij de familieschommel. Die leek voor ons gemaakt, omdat we daar allemaal tegelijk op konden. Maar niet meer af. Als de familieschommel eenmaal in beweging was, dan kon het grote piepende gevaarte bijna niet meer tot stilstand komen. Met een beetje pech bracht je de halve middag op zo'n mal tractorzitje door. Want Peter en Guido, die staande op de familieschommel voor de vaart zorgden, lieten niemand, ook ons niet, zomaar op- of afstappen. Daar moest wel iets tegenover staan. Snoep bijvoorbeeld, maar nog liever geld. Over deze kleine afpersingspraktijken hielden wij wijselijk onze mond.

Het gevaar om door de bewegende schommel geraakt te worden kende iedereen maar al te goed. Dat overkwam dus ook niemand. Veel riskanter waren de ijzeren tractorzitjes van de schommel. Vooral de daarin gestanste gaten. Die hadden aan de onderkant vlijmscherpe opstaande randjes, en wie per ongeluk zijn vinger in zo'n gat stak, mocht van geluk spreken als die er ongeschonden weer uit kwam. Onder de familieschommel lagen overal losse vingers, droomde ik een keer.

Dieptepunt vormde de hoge houten glijbaan. Die gebruikten we vooral als uitzichttoren, om te zien of vader ons al kwam halen. Je mocht daar alleen vanaf op een deurmatje. Bijna al die matjes waren vies en versleten, dus werd er constant gestreden om de zeldzame redelijke exemplaren. Via een uitgekiend gesloten doorgeefsysteem hielden we die continu in de familie.

Niet alleen de matjes waren er slecht aan toe, ook de glijbaan verkeerde in een deplorabele staat. Splinters nam je op de koop toe, maar de schroeven die halverwege uit de baan staken, vormden een serieus gevaar. Daarom moest je bij elke afdaling op de plekken waar het houtwerk ontbrak remmen, en vervolgens voorzichtig om die risicogebieden heen manoeuvreren. En onder aan de baan snel opspringen, want zoals onder elke speeltoestel was ook hier een kuil ontstaan waar altijd een laag water in stond. Peter zei dat 'als je maar genoeg vaart had, er niets kon gebeuren'. Alleen ik trapte daarin, met een flink bloedende jaap in mijn bovenbeen als gevolg. Agnes gilde toen ze het bloed zag en riep om een dokter. Natuurlijk was er geen dokter in de dierentuin. 'Hij moet naar de EHBO,' riep Gemma. 'Daar doen ze er jodium op.' Slecht plan. De EHBO was in de kantine, en dat betekende langs de wespen. En dat niet alleen; jodium was veruit het pijnlijkste ter wereld.

Peter, die met zijn glijtip het bloedbadje had veroorzaakt, kreeg opeens een ingeving en zag een geluk bij een ongeluk. 'Laten we pappie bellen, kan ie ons mooi komen ophalen.' Goed plan. Bij de kassa vertelden we wat er gebeurd was en de kassier zei: 'Wacht maar even.' Dat kon er nog wel bij. Tenslotte bestond de halve middag uit wachten om weer opgehaald te worden. Na tien minuten kwam vader voorgereden. Met moeder! Dat was niet de bedoeling, want zo pasten we op de terugweg nooit in de auto. Moeder droeg geen panty en had blote benen. Zo warm was het nu ook weer niet. En haar haar zat een dag na haar bezoek aan de kapper alweer helemaal door elkaar. Vreemd.

'Och, arme jongen,' zei moeder toen ze mijn been zag. 'Wat is er gebeurd?' Het bloeden was inmiddels gestopt en eigenlijk viel de wond best mee. Hortend en stotend begon ik te vertellen. Na drie zinnen wist vader genoeg. 'De jongsten in de auto, de rest gaat lopen.' Gehaald en gebracht, wat een ongekende luxe. Ook de achterblijvers waren tevreden. Zij hoefden het wisselgeld maar met z'n drieën te delen.

Trimmen

Vader had weer eens wat: hij ging trimmen. In een iets te krap smurfenblauw trainingspak, van een merk dat nog niemand kende, stond hij in de voorkamer. Gekocht voor vijftien gulden. Volgens hem 'geen geld' voor zo'n mooi pak. Die sportieve hobby begon kort nadat hij was gestopt met roken. Duizenden Caballero's had hij in zijn leven opgestoken, maar na een weddenschap met een collega tijdens een gezondheidsweek op school had hij er de brui aan gegeven. Van de ene op de andere dag. Echt loyaal tegenover de tabaksfabrikanten was dat niet, maar die hadden wel genoeg aan hem verdiend. Stoppen was volgens vader makkelijker geweest dan beginnen. Wel kreeg hij enorme last van een bijwerking: hypergevoeligheid voor andermans rook en nicotinelucht. Vooral moeder moest het daarbij ontgelden. Bijvoorbeeld als de buurvrouwen 's ochtends kwamen koffiedrinken. Zij deden niet even een bakje, maar zaten twee uur lang te kletsen, te roken en koekjes naar binnen te proppen in een potdichte voorkamer. Die koffieochtenden werden ook voorbereid door moeder. De mooiste kopjes kwamen tevoorschijn en er werden koekjes met chocola gekocht. Zelfs de favoriete sigarettenmerken werden in huis gehaald. Pall Mall voor buurvrouw Groot, Belinda Groen voor buurvrouw Prins. Die Belinda's smaakten naar pepermunt. Peter kende het laatste deel van een schuine mop over Belinda. 'Omdat er 25 in haar doos passen.' Mevrouw Groot was ouder en chiquer dan moeder. Daarnaast reed ze auto. Dat kon geen enkele vrouw, en zeker geen moeder. Ze was weduwe en haar man, meester Groot, was nog directeur van de mavo geweest. Hij had vader aangenomen toen die vanaf Aruba had gesolliciteerd als leraar Frans en Engels, en had hem zelfs nog even onderdak aangeboden. Tot naast hem de helft van de twee-onder-een-kap vrijkwam, vader dat huis kocht, en de rest van het gezin overkwam.

Mevrouw Groot was aardig en royaal, maar omdat ze zo keurig was, bleef er toch altijd enige distantie. Een overgeschoten bal ophalen uit haar tuin deed je het liefst zo snel mogelijk. Twee minuten sneeuwruimen daarentegen leverde al een Mars op als beloning.

Mevrouw Prins, die aan de andere kant van Groot woonde, en dus strikt genomen niet onze buurvrouw was, leek totaal niet op haar koffiepartners. Ze was getrouwd met een norse bouwvakker en

– dat wisten we toen niet – allesbehalve gelukkig. Want op een goede dag liep ze weg om niet meer terug te keren. Nooit meer hadden moeder en mevrouw Groot daarna nog iets van haar gehoord.

Tot twaalf uur konden de dames bijkletsen. Dan kwam vader uit school voor de lunch en begon hij direct als een bezetene alle ramen en deuren open te gooien. 'Uche, uche. Ik zie niks. Waar ben ik? Is dit wel mijn huis?' Vader hield van theater. 'Kom, we stappen maar weer eens op,' zei mevrouw Groot tegen haar linkerbuurvrouw. 'Goed idee, de deur staat al open,' zei vader, iets te enthousiast, om daarna in efficiënt staccato met 'Mmm. Riet, honger. Boterhammetje' moeder een hint te geven waarvoor hij thuis was gekomen. *Bam!* Daar sloeg de deur van de hal dicht. Dat gebeurde altijd als meerdere deuren tegelijk werden opengezet. Hoe vaak had vader wel niet geroepen: 'Hou die deur vast' als er iemand aanbelde. Nu vergat hij het zelf. 'Godver,' riep vader. 'Jacques. Toe, let op je woorden.' Terwijl moeder een boterhammetje smeerde, probeerde vader door zo wild mogelijk met zijn armen te zwaaien de rook uit de woonkamer te verdrijven.

Met ongeveer dezelfde wilde gebaren werkt hij nu in zijn sportieve outfit de warming-up voor het trimmen af. Armen zwaaien, kniebuigingen maken en een paar kort sprintjes door de kamer. Er kwam nog heel wat kijken bij dat trimmen, en dat moesten we blijkbaar allemaal zien. Moeder vroeg of dat per se binnen moest gebeuren. 'Het is warming-up, Riet. Wárming. Dat doe je binnen.' Toen de eerste zweet-druppels op zijn voorhoofd verschenen ging hij naar buiten. 'Hè, hè,' verzuchtte moeder, en ze stak een Stuyvesantje op. Zelf deed ze ook aan sport: gymnas-tiek en kegelen bij Alle Negen. Ze had zelfs een eigen kegelbal. Die zat in een speciale tas die in de hal naast het melkflessenrek bij de voordeur stond. Altijd voor het grijpen. Alsof moeder elk moment kon wor-den opgeroepen voor een belangrijke invalbeurt, en dan geen seconde mocht verliezen met het zoeken naar haar bal. Dat was echter nog nooit voorgeko-men. Alleen op woensdagavond kegelde ze, en dat kwam vader goed uit. Het was de enige doordeweek-se avond waarop hij regelmatig thuisbleef, en niet naar het gemeentehuis of het café ging om te verga-deren. Moeder vond dat heel aardig van hem, en ook fijn voor ons. Vader had echter een goede reden: alleen op woensdagavond was er weleens Europacup-voetbal op televisie. De kegelbaan bevond zich in de kelder van café 't Molentje. Dat was slecht driehon-derd meter verderop aan de Berkenlaan. Op loopaf-stand dus, maar omdat haar zware kegelbal ook mee moest, liet ze zich altijd ophalen. Net als vader hield ze niet van fietsen. Als ze dat al kon. Vanaf 19.00 uur zat moeder met de bal aan haar voeten en de jas al aan voor het raam te wachten tot ze werd opgehaald. Een uur later, precies om 20.00 uur kwam dan een kegelende vriendin voorrijden en zei ze: 'mooi, daar is Bep al. Tot morgen.' En weg was ze. Tijdens dat wachtuur had vader een paar keer gevraagd hoe het nu met de koffie moest, maar moeder deed alsof ze dat niet hoorde. Zij dronk koffie op de kegelclub.

Haar sportactiviteiten concentreerden zich midden in de week, want donderdagochtend ging ze alweer gymen. Moeder in een vogelnestje in de ringen of bokspringend via de minitrampoline; we konden ons er helemaal niets bij voorstellen. 'Jawel, hoor,' zei ze, 'en ook de brug met ongelijke leggers.' Natuurlijk was dat een grap. In werkelijkheid liep ze op haar gymclub rondjes met een kegel, stapte ze op en van een bank, en stuiterde ze voorzichtig met een bal. Had ze ons op een verjaardagsfeest na twee lauwe moezel zelf verteld. Van die bekentenis had ze direct enorme spijt gekregen. Want toen we dat hoorden kregen we langdurig de slappe lach. Vader ook. De weken erna imiteerden we, in en rondom het huis, tot vervelens toe moeders sportprestaties. Daarna vertelde ze nooit meer iets over haar gymclub. Al noemden wij het turnen, zelf hadden we ook allemaal op de gym gezeten. Waarom we daarbij waren gegaan wist niemand meer, en niets was saaier dan de gymnastiekvereniging. Waarschijnlijk was het gratis vanaf het vierde gezinslid. Elke les begon met

rondjes, of eigenlijk rechthoekjes, lopen in de gymzaal. Niet gewoon lekker los, maar op een marsritme
dat door de potige juf werd aangegeven door met
een stok op de grond te slaan. Na dit inlopen was het
tijd om drie kwartier stil te staan. De beste gymnast
van de groep deed iets voor, en de rest wachtte in de
wetenschap voor een onmogelijke taak te staan, op
hun beurt. Dat was gym. De jaarlijkse uitvoering in
de sporthal vormde het hoogtepunt van het gymsei-
zoen. Alle ouders werden uitgenodigd, en in de pauze was er een loterij waar je een fotolijstje, kwartet-
spel of iets met raffia kon winnen. Uren zat je in
hemd en korte broek te koukleumen. Ook de uitvoering begon met inlopen. Op marsmuziek in plaats
van op stokslagen. Eerst drie vierkantjes en daarna,
net voor de vaders in het publiek er genoeg van kregen, diagonaal door de zaal. Hoe verzonnen ze het.
Vader won stofzuigerzakken in de loterij. Na de pauze bleef hij in de kantine aan de bar hangen, om
vandaar de rest van de uitvoering te volgen. Dat je
vanuit de kantine helemaal geen zicht had op de tur-
ners deerde hem blijkbaar niet.

De tweede helft van de uitvoering zat moeder op
de eerste rij naast een stoel met daarop vaders jas,
haar eigen handtas en tien stofzuigerzakken. Ook al
pasten die niet in onze stofzuiger, moeder was er blij
mee. Kwamen allicht nog wel een keertje van pas.
Vader kon er maar niet over uit dat iemand met zijn

volle verstand stofzuigerzakken als prijs beschikbaar had gesteld.

Aan de sporthal, die net als het zwembad de Paasberg heette, bewaar ik slechte herinneringen. Enkele maanden eerder was er namelijk op extreem gewelddadige wijze een einde gekomen aan mijn niet bepaald indrukwekkende voetbalcarrière. Nog wel op een door vader georganiseerde feestavond ter gelegenheid van het zestigjarig bestaan van de voetbalclub. Dat werd op grootse wijze gevierd met sportieve optredens van alle andere verenigingen uit dorp. Hoogtepunt van de avond zou de bekendmaking worden van het opgehaalde sponsorbedrag van 8152,60 gulden. Daarbij was voor mij een belangrijke rol weggelegd. De hoofdrol zelfs. Dat bedrag werd onthuld door op het podium bordjes om te draaien. Te beginnen met de 0 en eindigend met de 8. Ik mocht het belangrijkste bordje, dat met de 8 van de duizenden doen. Bij de repetitie had ik me ervan vergewist dat ik het bordje onmogelijk ondersteboven kon houden. Toch bleef de twijfel. Om 22.00 uur zou het plechtige moment plaatsvinden. Tot die tijd zat ik me samen met alle andere pupillen te vervelen op een hoge houten tribune boven de kleedkamers. Stipt 21.50 uur diende ik me naast het podium bij meester Gelderen te melden om de 8 op te halen, en die daarna zo langzaam mogelijk om te keren. De hele avond keek ik naar de sporthalklok op de wand achter ons, en dat was nog best lastig. Vanuit de zaal was die waarschijnlijk goed te zien, maar niet vanaf onze tribuneplek. Om 21.45 uur liet ik me tussen de tribunebanken glijden, om onder mijn medepupillen door richting het podium te lopen. Vijf meter had ik gelopen. *Wham!* Een van de sportieve voetballeiders sloeg me door de tribune heen van bovenaf keihard in mijn nek, en ik viel tussen de ijzeren staanders op de grond. Hij schreeuwde: 'Wat had ik nou gezegd? NÍEMAND gaat hier zonder te vragen naar de plee!' Met die nadruk op niemand bedoelde hij ongetwijfeld ook het zoontje van de voorzitter niet. Ik krabbelde overeind, rende naar het podium, pakte mijn 8 en vechtend tegen de tranen sloot ik me aan bij de andere getallen. Door alle stress had ik me met mijn 8 aan de verkeerde kant van onze rij getallen opgesteld. En daardoor waren de achtduizend gulden veranderd in acht cent. Ik had niets in de gaten, al zag ik wel dat meester Gelderen naast het podium mijn aandacht probeerde te trekken. Ik deed alsof ik hem niet zag. Voor de zekerheid keek ik nog eenmaal of een 8 echt niet ondersteboven kon worden gehouden. Nee dus. Mijn hoofd deed zeer, en pas nu ook zag ik het bloed op mijn knie. Op hetzelfde moment realiseerde ik me dat iedereen met een bordje zich aan mijn rechterkant bevond. Heel even dacht ik dat zij verkeerd stonden, maar ik had niet goed opgelet. Mijn ogen werden nat. Om nu, voor een volle sporthal, nog van positie te wisselen leek me geen optie. Dus draaide ik mijn bordje maar om. De rest beschouwde dat als het beginsignaal en volgde mij in het afgesproken steeds tragere tempo. Bij het laatste bordje was de spanning te snijden. Iedereen hield zijn adem in. Het was muisstil. René, onze keeper, stond nu per abuis op mijn positie, en leek daar best trots op. Want met een brede glimlach draaide hij zijn bordje om. Een 1. Daarmee kwam het opgehaalde sponsorbedrag uit op een schamele 1526,08 gulden. Een zucht van teleurstelling ging door de zaal, en de tranen in mijn ogen begonnen naar beneden te bewegen.

Opeens stond vader – wie anders – op het podium. Hij pakte mijn hand, zette me op de juiste plek, en vervijfvoudigde zo in één keer het sponsorbedrag naar 8152,60 gulden. Iedereen dacht dat het een goede grap van vader was. Terwijl de tranen over mijn wangen biggelden, kreeg ik – of hij – het grootste applaus uit mijn voetbalcarrière.

Na deze klap hield ik voetballen voor gezien. Gestopt op mijn hoogtepunt. Sport was niet zo aan ons besteed. We waren te dun, en het ontbrak ons aan doorzettingsvermogen.

Alleen Gemma beschikte daarover. Zij zat samen met Prisca en Irma op korfbal, bij K.V. De Issel, een noodlijdend clubje in Ulft. Prisca en Irma wilden daarvanaf, maar dat mocht niet van Gemma. Zij deed de ledenadministratie van de club, de barbezetting, maakte opstellingen en typte en niette het clubkrantje. Zij was het enige lid met een typemachine, en zolang de namen van Prisca en Irma in de clubkrant vermeld werden bij het wedstrijdprogramma, konden ze er niet vanaf. 'Je zoekt eerst een vervanger, anders mag je er niet af,' had Gemma gezegd. Thuis stonden tientallen jubileumglazen van de korfbalclub in de kast. Die had moeder opgekocht om een mislukte sponsoractie te redden. Zelf was ik een keer bij een training wezen kijken, en had daar een paar ballen richting korf gegooid. Het gebrek aan leden was zo groot dat dezelfde week mijn naam al bij de opstellingen in het clubkrantje vermeld stond. Niet eens tussen haakjes, zoals bij het voetballen, maar met een basisplaats. Gemma kon me wat, ik ging niet korfballen.

Het werd tafeltennissen, samen met Irma, bij TTV Heen & Weer. Die naam was waarschijnlijk naar boven gekomen tijdens de kortste brainstormsessie ooit. De wedstrijden van Heen & Weer vonden de eerste weken plaats in de grote feestzaal van 't Molentje. Daarna moesten we verhuizen naar de bijzaal, omdat zich een nieuwe huurder had gemeld voor de grote zaal. Dat bleek een bingokoning te zijn. Een gesloten harmonicaschuifdeur vormde de enige afscheiding tussen de bingospelers en ons. Daardoor konden we precies horen welk balletjes getrokken werden. '23, 56, 4, 41', net zo lang totdat iemand een rijtje vol had en 'Bingo!' riep. Veel last hadden we niet van dat burengerucht, maar de bingospelers hadden wel last van onze puntentelling. '16-12, 16-13, 17-13, 14-17, 14-18.' Bingo!' klonk het opeens vanachter de schuifdeur. Dat werd direct gevolgd door een hoop geroezemoes en het geluid van stoelen die verschoven werden. Even later ging de schuifdeur open en stapte de verbouwereerde bingokoning bij ons binnen. 'Godverdomme. Pingpongers!' luidde zijn korte maar krachtige conclusie. Dat kon onze trainer, tevens clubvoorzitter, natuurlijk niet over zijn kant laten gaan. 'Het is tafeltennis, geen pingpong. Wij spelen tafeltennis. Pingpongen doen ze op de camping.' De zaaleigenaar suste de boel en beloofde over een oplossing te gaan nadenken. Irma en ik hielden het tafeltennissen snel voor gezien; wij waren toch meer pingpongers.

Twintig minuten nadat vader naar buiten was gegaan om te trimmen keerde hij hijgend weer terug. 'Riet... Kijk daar... Ben ik weer... Ik denk dat ik... al wel een...kilo kwijt ben. Denk je ook niet, Riet?'

Wijze Uil

Het is een understatement om te zeggen dat vader graag in het middelpunt stond. Hij wás het middelpunt. Deze vrijdagmiddag helemaal. Met een grote grijze megafoon in zijn hand stond hij midden in een weiland bij het grote Idink-bos. Dat bos was naar boer Idink vernoemd, meende ik te weten. Die woonde aan de bosrand, en naar mijn stellige overtuiging was het zijn bos. Al kon het ook weleens zo zijn dat die boer, omdat hij met zijn gezin zo dicht bij het bos woonde, de naam Idink had gekregen, en in werkelijkheid een heel andere naam had. Oudere mensen hadden het meestal over Idinkbuul. Klonk stoer, en was daarom vast dialect.

Er was nog een bos. Helemaal aan de andere kant van het dorp, het Kraaienbos. Daar woonde geen boer Kraaien, en de beruchte vogels zag ik er nooit. Sloeg nergens op, zoals zoveel namen in Silvolde kant noch wal leken te raken. Volgens mij deed men maar wat. Neem de lagere school. Die heette Heilig Hart, al nam geen enkele leerling er ooit iets waar wat op een hart leek. Laat staan een heilig hart. De Mauritius-kerk vormde al net zo'n raadsel, want Mauritius lag niet alleen volgens de Bosatlas in de Stille Oceaan, ook deel II, Lu t/m Mo, van de *Winkler Prins Encyclopedie* situeerde het daar. Dat had ik zelf gecontroleerd.

Vader droeg een groot kastanjebruin gewaad en had een indianentooi op zijn hoofd. Om zijn buik zat een soort touw dat me bekend voorkwam. Het was de rafelige ceintuur van zijn gestreepte oude peignoir. Hij had wel zijn normale bruine schoenen aan. Zo kende ik hem tot vorige week niet. Hij leek op Klukkluk, de indiaan met een slecht taalgevoel uit de tv-serie *Pipo de Clown*. Vooral diens grammatica was abominabel. Nooit formuleerde hij een goed lopende zin. Vader formuleerde prima, had niet van die rare zwarte vlechten zoals Klukkluk en had zijn eigen haar nog.

'Allemaal verzamelen op de Oewapest,' riep hij voor de zoveelste keer deze week door de megafoon. En onbedoeld sloot hij die woorden af met een hoog piepgeluid, waar hij zelf ook flink van schrok. Dat ontstond doordat hij per abuis de microfoon van de megafoon ingedrukt voor de luidspreker hield. Een irritant geluid, dat we deze week al vaker gehoord hadden.

Oewapest was de zelfverzonnen naam van het centrale gedeelte van dit door vader bedachte indianenkamp. Die onzinnaam sloot prima aan bij Mauritius en Heilig Hart. Op de Oewapest vonden de plenaire activiteiten plaats en vader werd er Wijze Uil genoemd. Hij was de grote baas van alle indianen en dus van het hele kamp. Alleen daarom mocht ik erbij zijn, want eigenlijk was ik nog te jong om mee te doen. Er was ook niemand anders van mijn leeftijd. Volgens moeder had ik er niets te zoeken. 'Jacques,' had ze gezegd, 'zo geef je niet het goede voorbeeld. Straks neemt de rest van de leiding ook kleuters mee. Daar is dat grote bos veel te gevaarlijk voor.' Je kon horen dat moeder gek was op sprookjes. Want alleen daarin zijn bossen eng. Volgens haar kon hier iets van uitgaan dat klonk als een 'presidentswerking'. Zo belangrijk was vader dus. 'Hugo gaat gewoon mee, Riet,' zei hij.

Vijf dagen eerder hadden alle schoolkinderen zich op de vroege maandagochtend met hun fietsen verzameld bij de molen. Van daaruit waren ze gezamenlijk naar het bos gefietst voor het allereerste zomerkamp in Silvolde. Dat was in eerste instantie bedoeld voor kinderen die niet naar camping de Kappenbulten of een ander all-exclude vakantieoord gingen. Ze werden begeleid door vrijwilligers die vader had geworven binnen zijn sociaalculturele netwerk, aangevuld met de oudste gezinsleden. Zelf fietste hij niet mee. Dat deed hij nooit. Hij liep, of pakte de auto. Lopen deed hij nooit zonder paraplu.

Die zwaaide hij bij elke stap gespeeld nonchalant zo hoog mogelijk door de lucht, om hem daarna even ferm maar kort voor zijn rechtervoet te planten. Niemand liep zo opvallend over straat als hij. De aansteller. Daarnaast, als het regende, ging hij met de Fiat. Vaders paraplu werd nooit uitgeklapt of nat, en ging alleen mee voor de show. Dat mooiweergebruik zorgde er wel voor dat hij constant vergat hem weer mee naar huis te nemen. Tientallen keren ben ik op zijn verzoek naar de kerk of het voetbalveld gelopen om dat showmodel weer op te halen. Moeder liep heel anders over straat. Ze schreed, kaarsrecht, in een tempo waarbij je fietsend zou omvallen. Agnes noemde haar Juliana.

Zelf gingen we ook niet per fiets naar het kamp, maar met vader mee in de auto. Moeder had ons uitgezwaaid, en op het laatste moment nog aan vader gevraagd 'of hij op de schoenen ging die hij aanhad.' Wat een vraag.

Meerijden was makkelijk, maar het kon ook niet anders, omdat er nooit genoeg rijwielen voor iedereen waren. We deelden fietsen. Slechts één keer had ik een nieuwe fiets voor mezelf gekregen. Die had vader niet gekocht bij de fietsenmaker, maar gewonnen met een loterij op de ZaBeSil, de Zakenbeurs Silvolde. Dit sneue evenement van het lokale bedrijfsleven vond plaats in de sporthal, en was in feite een overdekte en gestoffeerde braderie. Met een van de zes aangeschafte lootjes won vader daar de hoofdprijs van de loterij: een kinderfiets. 'Die is voor hem,' zei vader tegen de man van de fietsenwinkel, en hij wees naar mij. De fietsverkoper keek een beetje sip. Nu de hoofdprijs er al op de openingsavond uit ging, zou het nog moeilijk worden om de resterende loten te verkopen. Of de fiets niet nog twee dagen mocht blijven staan, vroeg hij – 'Dan houden we het nog even stil.' Daar wilde vader niets van weten. Hij wees naar de tweede prijs, een fietstas, en zei met een serieuze blik: 'Dat is toch ook een mooie prijs.' Moeder schoot in de lach.

De fiets was roze. Een meisjesmodel waar ik zeker drie jaar te groot voor was. De gratis zijwieltjes die erbij zaten, gaf vader tot mijn grote opluchting terug. Moeder was trots op vader ('Goed zo, Sjimmie') en zei dat de fiets rood was en 'net zo goed voor jongens'. Het was moeilijk om blij te worden van dit kinderachtige cadeau. Dat zag moeder ook. Ze had nu kunnen zeggen dat de kindertjes in Afrika blij zouden zijn met zo'n fietsje, maar verkoos te zwijgen. Verstandig. Later zou ik met dit doortrappertje nog een flinke valpartij maken op de terugweg van een desastreus verlopen avondvierdaagse. Enfin, op dit speelgoedding had ik de fietskaravaan naar het Idinkbos toch niet kunnen bijbenen.

Vader was de eerste kampdag begonnen met op de verzamelplaats zo hard mogelijk alle verkeersin-

structies voor onderweg in de megafoon te schreeuwen. 'BLIJF BIJ ELKAAR EN STEEK JE HAND UIT
BIJ HET AFSLAAN.' 'Welke?' had een bijdehante of
oliedomme jongen nog geroepen, maar dat had vader niet gehoord. Jammer, want met dat voorzetje
had hij wel wat gekund. Al bij 'elkaar' werd vader
erop gewezen dat hij niet zo hoefde te schreeuwen.
Daar was nou juist die megafoon voor. Op normaal
volume praatte hij verder, al twijfelde hij nog even of
hij niet in de maling werd genomen. Nee dus. Hij
sloot zijn toespraak af met het nadrukkelijke verzoek
om niet alleen bij rood, maar ook bij een oranje verkeerslicht op elkaar te wachten. Die opmerking leidde tot grote hilariteit onder alle aanwezigen, want
het dichtstbijzijnde verkeerslicht bevond zich op tien
kilometer afstand. We hadden geen verkeerslichten
in ons dorp. Grapje van vader. Goed getimed, en het
brak de spanning een beetje. Die was er wel degelijk,
want eigenlijk wist niemand, ook vader niet, wat deze
dag en de rest van de week brengen zou. Dat had
moeder zich thuis ook hardop afgevraagd, en vader
had daar een dag voor het eerste zomerkamp nog
niet echt een antwoord op gehad. 'Gewoon, indianenkamp. Weet ik veel. Natuur en zingen, noem
maar op.' Thuis deden we niet aan natuur en nooit
werd er gezongen. 'Ja, ja,' zei moeder, die zich allang
niet meer verbaasde over de onverwachte en onvoorspelbare initiatieven van haar man. Er vloeiden een

paar afscheidstranen daar bij die molen, en ook besloten enkele kinderen of ouders op het laatste moment om toch maar van deelname af te zien. Sommigen moesten op kamp van hun ouders.

Hierna zette de fietskaravaan zich langzaam in beweging en stapte vader weer in de Fiat. Als een razende reed hij claxonnerend langs het slingerend peloton om als eerste bij het kamp te zijn. Het leek wel alsof hij een volgauto in de Tour de France bestuurde. Bij het passeren van de stoet zwaaiden Prisca en Yolanda enthousiast naar enkele klasgenoten die ze herkenden. Die maakten een lange neus terug of wezen met een vinger naar hun voorhoofd. Ik deed ze na.

'Indianen' was het thema van dit zomerkamp, dat een jaarlijkse traditie zou worden. Niet alle kinderen en ouders hadden dat even goed begrepen. Daardoor liepen er de eerste dag ook een Tarzan, een politieman, twee clowns, een astronaut, een verpleegster, een jongen die zich Catweazle noemde, en een tiental cowboys tussen de wigwams. Dat werd vanzelfsprekend niet gepikt door de jonge roodhuiden. Als de leiding maar even niet oplette werden deze rare snuiters flink te grazen genomen. Vooral het groepje cowboys, want dat was de natuurlijke vijand. Die werden gevangen, ontwapend, vastgebonden en rood geverfd. Dat kon nog, omdat de vorm van dit eerste kamp, en zeker de eerste dag, nog niet helemaal was uitgekristalliseerd. Daardoor leek het wel meer op het Wilde Westen. De meeste niet-indianen kwamen na alle ontberingen van de eerste dag niet meer terug. De astronaut wel, en weer in zijn ruimtepak. Dat zou hij de hele zomerse week blijven dragen, en op de slotdag zat het vol indianentekens. Volgens moeder was hij niet helemaal goed, en kon hij daar niets aan doen. Het eerste deel van haar opmerking geloofden we wel. Dat hij er zelf niets aan kon om elke dag in een ruimtepak op een indianenkamp te verschijnen, ging er bij ons niet in. 'Hij komt van een andere planeet,' zei vader, waarmee hij er blijk van gaf helemaal niets van ruimtevaart te weten. Het was een astronaut, geen marsmannetje.

Het weekprogramma, door vader thuis omschreven als 'gewoon indianenkamp', bestond uit schminken, samen zingen, wigwams bouwen, stokbrood bakken (alleen vanaf klas 4), speurtochten en andere activiteiten die niets kostten. Die wigwams moesten worden gebouwd van afgedankte pallets vol spijkers, in plaats van bamboestokken en katoen. Een onmogelijke opgave, dus dat werden hoekige hutten, waarop met verf WIGWAM of TENT werd geschreven.

Omdat ik nog te jong was, en in feite illegaal op het kamp verbleef, kon ik mijn eigen gang gaan. Niemand die me belette rode ranja te halen bij de tent van de leiding, of me ervan weerhield stiekem varens plukken. Geen kind zou ooit bedenken die te gaan plukken, maar omdat zo vaak herhaald werd dat dit ten strengste verboden was, moest het wel iets bijzonders zijn. En je kon er mooi je indianenhut mee camoufleren en stofferen. Dat varens vlijmscherp waren, en daardoor levensgevaarlijk voor kinderen, werd er weer niet bij verteld.

Bij mijn eerste poging om een varen te plukken ging het al mis, en haalde ik zowel mijn wijs- als middelvinger open aan het scherpe blad. Al bloedde dat flink, het deed weinig pijn. Wel was ik de eerste die zich bij de EHBO meldde. Of gemeld werd, want het was een klasgenootje van Irma dat zich over mij ontfermd had en me meenam richting EHBO. 'Ik breng je wel naar je vader,' zei ze. Die kon niet zo goed tegen bloed, en begon heel hard te roepen: 'EHBO, waar is de EHBO?' Als iemand dat moest weten was hij het wel. Uiteindelijk bedacht mevrouw Koen (kampnaam Tijgeroog) dat ze altijd een EHBO-trommel in haar auto, een hoekige NSU, had liggen. Inmiddels had ik bloed op mijn buik, onderarmen en benen, en dat zag er volgens haar best indrukwekkend uit 'Veel stoerder dan waterverf,' zei ze. 'Lekker laten zitten.' Daarna vroeg ze bij welke groep ik zat. Geen dus, waarna ze met vader ging overleggen. Ze besloten dat ik ook bij een stam werd ingedeeld, en daarmee kreeg mijn verblijf een legale status. Net als moeder had ze het over presidentswerking en ik zag dat vader zijn hoofd schudde.

'Ga maar naar de Aboriginals van juf Thea, ik bedoel Schelle Slang,' zei Tijgeroog. Ik kreeg de naam van deze groep niet over mijn lippen; die was veel te lang. Liever had ik bij de Speren of de Apaches gezeten, maar vader had gezegd dat Thea mij kende, en dat het prima was zo. Toen moeder hoorde bij welke groep ik zat reageerde ze nogal verbaasd. 'Aboriginals, zijn dat ook al indianen?' Vader wist dat zo zeker dat hij zelfs zei dat moeder dat niet hoefde op te zoeken.

Juf Thea had haar bijnaam Schelle Slang niet zomaar gekregen. Ze beschikte over een snerpend stemgeluid en was gek op zingen. Stapelgek. Terwijl andere groepen het bos in trokken en ongetwijfeld allerlei avonturen beleefden, brachten de Aboriginals hun dagen zingend door op de Oewapest. Met steeds hetzelfde lied. Dat begon met 'Toemba, toemba', ging door met 'Toemba, toemba', en eindigde met 'Toemba, toemba'. Als het tenminste ophield. Wat 'Potje met vet' was voor de avondvierdaagse, was 'Toemba, toemba' voor het indianenkamp. Niemand wist wie of wat Toemba was. Volgens Yolanda was het een neger.

'Bedankt en tot volgend jaar.' Vader was klaar met zijn toespraak, er werd geklapt en hij hield nu zelfs even met opzet de microfoon voor de luidspreker van de megafoon om piepend het kamp af te sluiten. Op hetzelfde moment hieven alle vrijwilligers onder aanvoering van Schelle Slang en Tijgeroog een loflied aan om vader te bedanken. Ze zongen: 'O, Wijze Uil, wat heb jij het goed gedaan, ere zij uw naam.' Hoewel het niet echt lekker rijmde, en de meeste vrijwilligers na een week kamp ook niet meer goed bij stem waren, was ik maar wat trots. Na een minuut of vijf was 'ere zij uw naam' al 'eet uw banaan' geworden, en zat het indianenkamp er echt op. Vader hoefde niet te helpen opruimen. 'Ga jij maar naar Riet,' zei Tijgeroog. 'Dan ziet ze jou ook nog eens.' Thuis vroeg moeder hoe het geweest was. 'Ach, gewoon, indianenkamp,' antwoordde vader, om daarna in zijn lievelingstoel in slaap te vallen.

Twee dagen later, op zondagochtend, ging de telefoon. 'Wie belt er nu op dit tijdstip?' zei vader. Goede vraag. Moeder liep naar de hal en nam op. 'Ja... ja... o... Ik roep hem wel even.' Uit de toon van haar woorden konden we opmaken dat er stront aan de knikker was. Alsof we het hadden afgesproken keken we allemaal in Irma's richting. Zij haalde zo onschuldig en onverschillig mogelijk haar schouders op. Dat hoefde niets te betekenen. 'Voor jou. Boer Idink,' zei moeder tegen vader, terwijl ze haar hand op de hoorn hield. 'Ja... ja... sorry. Is goed. Nogmaals. Excuus. Nu? Oké.' De sfeer was te snijden. Vader hing op. 'Godver. Riet! Emmers. Afwasbakken. Borstels. En zeep.' Boer Idink bleek op de bomen rond zijn boerderij een groot aantal verfsporen van het kamp te hebben aangetroffen. Hij was laaiend, begrijpelijk, want hij had de indianen de hele week voorzien van water en elektra. 'Gemma, Irma, Prisca en Yolanda, aankleden,' gebood vader. 'Oude kleren.' Zelf liep hij nog in zijn peignoir. Hij vulde twee afwasbakken en twee emmers met water en Dreft. Moeder had wat borstels bij elkaar gezocht. Even later zaten de vier zussen met emmers en afwasbakken halfvol zeepsop op schoot in de Fiat. Moeder riep nog iets over aankleden, maar dat hoorde vader niet meer. Hij parkeerde net naast de Oewapest, dat nu weer een gewoon weiland was. Direct werd duidelijk wat Idink bedoeld had: op bijna alle bomen aan het bospad zat verf. Elke indianenstam had met een eigen kleurtje een speurtocht uitgezet. Het voordeel daarvan was wel dat alle te behandelen bomen makkelijk waren te vinden. Na drie uur bomen poetsen, waarvan het laatste uur zonder water, was het karwei geklaard en reed vader in zijn peignoir weer naar huis. 'En,' vroeg moeder, 'gelukt?' 'Je ziet door de boeners het bos weer,' antwoordde vader, 'maar waar heb je de ceintuur van mijn peignoir gelaten?'

Later (epiloog)

Daar lag vader dan. Dood. En eerlijk gezegd werd dat wel tijd, want we hadden allang afscheid genomen. Vier maanden eerder, tijdens een door hemzelf georganiseerd familieweekend, in een veel te klein en aftands vakantiehuisje in Eibergen. Kon nooit veel gekost hebben.

Vader was inmiddels 76. Hij had al zijn kinderen groot zien worden, veertien kleinkinderen met grappen en grollen vermaakt en twee jaar eerder een eerste kankeraanval overleefd. Daarvoor was hij samen met moeder al een keer aan de dood ontsnapt bij een totallossje tijdens een vakantie in Noorwegen. Van hun auto was zo goed als niets overgebleven, en zonder bagage keerden ze samen terug op Schiphol. Dat was schrikken voor de afhalers. Onze keurige ouders met een hoofd vol schrammen en kapotte kleren in de glamourwereld van de internationale luchthaven. Oorzaak van hun ongeluk was volgens vader de nachtelijke overtocht per boot van Denemarken naar Noorwegen geweest. Daarbij had hij geen oog dichtgedaan, en de volgende ochtend had vader die slaap ingehaald. Achter het stuur, terwijl hij over een dijkje reed. De Toyota raakte van de weg, sloeg over de kop en vader en moeder werden eruit geslingerd. Een geluk bij een ongeluk, want op de foto die ze later van de Noorse politie toegestuurd kregen was enkel nog een pakketje schroot te zien. Het was de enige foto die vader bij zijn autopapieren bewaarde, en een enkele keer kwam die tevoorschijn om zijn vakantieverhaal te illustreren. Hoewel het onderwerp zich er prima voor leende, kwam daar nooit bravoure aan te pas. Het was alsof vader zijn eigen verhaal ook niet geloofde als hij er geen foto meer van had. Op zich zou dat niet zo raar zijn, want net als moeder kon hij zich niets herinneren van het ongeluk. Hij wist zich alleen nog wat beelden van flessen wijn voor de geest te halen, en dat was niet grappig bedoeld. Die hadden achter in zijn auto gelegen en waren bij de klap in de berm beland. Hij had ze zien liggen. 'Nog heel,' zei vader, 'dus die staan nu ergens in Noorwegen op tafel.' Dat het allemaal ook heel anders had kunnen aflopen hoefde niemand te zeggen. Toch was dat de meest gehoorde opmerking na hun repatriëring.

Dat het ongeluk tijdens een vakantie gebeurde was geen toeval; ze waren heel vaak op pad. Allemaal korte tripjes, die zo veel mogelijk tussen de vele sociale bezigheden werden gepland. Vader tenniste, bestuurde nog wat los-vaste clubjes en trok elke dag een fles wijn open. Steevast noemde hij ook de prijs van de fles. Niet omdat die zo hoog was – dat zou indruk hebben gemaakt –, maar omdat die zo laag was.

Moeder vermaakte zich met cryptogrammen, kleinkinderen en vrijwilligerswerk. Ze zei dat je hersens fit bleven van puzzelen. Kon wezen, maar ze werd er ook slaperig van. Terwijl vader luidruchtig lag te ronken in zijn luie stoel, dommelde moeder vaak weg op een hoge eetstoel en sliep ze rechtop met een cryptogram of *Trouw* voor zich op tafel. We kenden niemand die zo kon slapen. In het bejaardencentrum bracht ze met bibberende handen koffie rond. Soms bij bewoners die jonger waren dan zijzelf was. Volgens moeder maakte het in het bejaardencentrum niets uit of je rijk was, een hoge opleiding had of er goed uitzag. De hiërarchie en status werden daar bepaald door de frequentie waarin de kinderen nog op bezoek kwamen. Iemand wiens kinderen nog vaak langskwamen, had het goed gedaan in het leven.

Bij vader en moeder waren altijd kinderen over de vloer. Om grote drukte te voorkomen werd soms zelfs geadviseerd om maar niet langs te komen. Bijvoorbeeld op verjaardagen en met Kerstmis. Want met alle vrienden en familie paste dat gewoon niet meer. Daarom had vader bepaald dat we in ieder geval één keer per jaar, in juni, bij elkaar zouden komen. Dan huurde hij het overdekte zwembad enkele uren voor ons af en soms zelfs de sporthal. Kleinkinderen dachten daardoor dat opa overal de baas van was. Hoogtepunt van die dag was altijd de fakkeloptocht door de buurt. Omdat het eind juni pas laat donker wordt, voltrok die zich altijd bij daglicht. Buurtbewoners keken hun ogen uit bij die malle stoet. Het leek wel een sekte. Die jaarlijkse familiebijeenkomsten sloot moeder af met het uitreiken van gevulde enveloppen. Mede daardoor vertrok niemand voortijdig.

Voor dat afscheidsweekend in het bouwvallige vakantiehuisje had vader ons alle acht een persoonlijke uitnodiging met huiswerk gestuurd. Allemaal dienden we onze dierbaarste herinnering op te schrijven en te presenteren. Ter plekke viel het me pas op dat we voor het eerst sinds zeker twintig jaar weer alleen met ons eigen oorspronkelijke gezin waren. Twee ouders, acht kinderen. Met kibbelende zussen, vader als middelpunt, en veel te weinig ruimte. In een vierpersoonshuisje dat op verzoek uitgebreid kon worden tot een verblijf voor zes personen. Met Guido sliep ik in de tochtige hal op een flinterdun matje op de koude vloer. Alleen vader en moeder hadden een slaapplaats voor zichzelf. De jongens maakten met vader een uitstapje naar Enschede, om met eigen ogen de plek te zien waar de vuurwerkfabriek was ontploft.

Dat was zijn curieuze, maar redelijk makkelijk te vervullen laatste wens. Eerder had hij zich laten ontvallen het zo jammer te hebben gevonden nooit door de treintunnel onder het Kanaal te zijn geweest. 'Mijn hele leven is daarover gesproken, en nu het zover is ben ik er te oud voor.' In plaats van hem mee te nemen naar die tunnel, had ik laf geknikt en 'Ja, jammer' gemompeld. Naast het bezoek aan het rampgebied vermaakten we ons bij het biljart in de kantine van het bungalowpark. 'Gaan we vaker doen,' zeiden we, al wisten we dat het niet zou gebeuren.

Moeder en dochters hadden een eigen programma: bezoek aan een folkloremuscum en een tocht met een huifkar. Daar hebben we rond het biljart hard om gelachen.

's Avonds blikten we terug op onze jeugd in dat chaotische huishouden. Dat was het verplichte onderdeel van het programma. Vader sloot het weekend speechend af. En natuurlijk, ik wist het, vroeg iemand of we nog enveloppen zouden krijgen. Zonder envelop toog iedereen huiswaarts. Nu kon vader gerust doodgaan.

Maar dat deed hij niet. Wel werd hij steeds zieker, en tot vermaak van de kleinkinderen zwol zijn buik enorm op. Moeder kreeg het steeds drukker met zijn verzorging, en om haar te ondersteunen werd er een groot dienstrooster opgesteld. Iedereen droeg daar zijn steentje aan bij, al was mijn bijdrage beperkt.

Omdat ik zelf kleine kinderen had, en het verst weg woonde, werd dat me niet kwalijk genomen.

Toen ik voor het eerst midden in de nacht werd gebeld was het ernst. Ik stapte in de auto, haalde onderweg Prisca op, en twee uur later was ik op de Berkenlaan. Daar zat men gezellig te keuvelen in de keuken. Het kritieke moment was alweer ruim een uur voorbij. Opgelucht keerde ik met Prisca huiswaarts. Twee weken later leek zijn einde weer nabij, maar toen ik arriveerde bleek er niets meer aan de hand. Behalve dan dat vader doodziek was. Van opluchting was deze keer al minder sprake. 'O. Ja. Fijn,' stamelde ik, en enigszins chagrijnig vertrok ik weer. Vader had er een handje van om steeds midden in de nacht bijna dood te gaan, want het scenario zou zich nog eenmaal herhalen. Dat was de druppel.

'Hij moet dood,' flapte ik eruit, 'voor de vakantie.' Dat gebeurde niet, dus paste ik mijn vakantie aan en ging met mijn gezin kamperen in de Achterhoek. Helaas niet op de Kappenbulten; dat bestond niet meer. Zo waren we lekker dichtbij, voor het geval dat.

In de enige nacht dat mijn auto op het kampeerterrein achter een gesloten hek stond kregen we te horen dat vader overleden was. Ruim twee uur duurde het voordat een beheerder dat hek kwam openen. Die waarschuwde ons 'dat het geen gewoonte moest gaan worden'. Dat beloofde ik.

Nu kwamen we in een nieuwe fase. We werden half-wezen. Daar konden we niet al te lang bij stilstaan, want er moesten taken verdeeld worden. Dat viel nog niet mee, want er was gewoonweg niet genoeg te doen voor zoveel nabestaanden. Je kunt tenslotte niet met acht mensen bloemstukken uitzoeken.

Tussendoor ontspon zich een curieuze discussie tussen Agnes en de uitvaartverzorger over de een na laatste rustplaats van vader. Omdat het hartje zomer was, met temperaturen boven de 25 graden, vond de uitvaartmaatschappij het geen optie om vader thuis te houden. 'We kunnen koelen, maar er zijn grenzen,' zei een medewerker die we Kraai noemden. Volgens hem was het daar te warm voor. Vader moest dus naar een mortuarium verplaatst worden voordat hij ter aarde zou worden besteld. Agnes was het daar niet mee eens en vond het onzin. Ze had in warm Afrika gewoond, en daar was het heel gewoon om overledenen thuis te houden. 'In Opper-Volta was het geen enkel probleem, en hier kan het niet. Hij blijft hier!' Kraai beheerste zich. 'Mevrouw, ik snap dat het heel erg...' 'Hij blijft hier,' herhaalde Agnes. Yolanda sloot zich bij haar aan. Kraai wist zich niet goed raad met de enigszins gênante situatie. Hij ging telefonisch overleggen met een collega. '... mee te bezeilen... Nee... Afrika... Ik ook niet... Opera-Vola... Bestaat niet eens... Inderdaad... Weg dus... Fijne familie...' Al was de helft van het gesprek maar hoorbaar, de rest viel wel te raden. Kraai vond ons blijkbaar een raar gezelschap, noemde mijn oudste zus onmogelijk en meende dat Opper-Volta, door hem Opera-Vola genoemd, niet bestond. Deels had hij gelijk. Opper-Volta heette al jaren Burkina Faso. Nadat hij klaar was met overleggen kwam hij de woonkamer weer in. 'Ik heb de zaak' – vaders eventuele verhuizing was inmiddels een zaak, een affaire geworden – 'nog eens besproken, en uw vader...' 'Neem maar mee,' zei Agnes. Het kwam er onaardiger uit dan bedoeld, maar dat was te wijten aan de emoties.

Ondertussen had Gemma zich verdiept in de uitvaartmis. Zij was, naast moeder, de enige die nog weleens een kerk vanbinnen zag, dus dat was aan haar wel besteed. Het resultaat was een 2,5 uur durend totaalprogramma met sprekers, zang en muziek.

Drie dagen later zat de kerk vol. Alleen het jongste kleinkind, Jonas, ontbrak. Hij mocht er niet bij zijn omdat hij nog te klein was. Daar was hij het niet mee eens. Pas na de belofte dat we oma ook snel zouden begraven, en hij er dan ook bij mocht zijn, legde hij zich neer bij deze ouderlijke beslissing. De lange kerkdienst was een uitputtingsslag en ik weet zeker dat vader het korter had gehouden. Maar ja, dit was het eerste familie-evenement dat niet door hem werd geregisseerd. Met hongerklop stonden we uren later op het kerkhof. Het scheelde weinig of er

waren die warme dag nog wat oude tantes aan uit-
droging of uitputtingsverschijnselen bezweken. Vader
belandde in een rijtje met oude bekenden, en helaas
ook precies naast Strebeg, de enige dorpsgenoot met
wie hij niet overweg kon. Na afloop was het reuze
gezellig bij 't Molentje. Alsof vader nog elk moment
kon binnenstappen.

Moeder werd weduwe. Haar humeur leed daar
niet lang onder. Ze belde regelmatig en stuurde vaak
post. Wekelijks lag er wel een envelop met een kran-
tenknipsel of een handgeschreven kaart in de bus. Bij
verjaardagen, als ik op vakantie ging of was geweest – het hield niet op. Vanwege haar bibberige
handschrift was het ontcijferen monnikenwerk. Het
was ongepast om daarover te klagen, maar dat deed
ik wel. Elke dag deed ze wel iets op de bus, want ik
was natuurlijk lang niet de enige die wat ontving.

Irma woonde weer thuis en ze werden een soort duo.
De jaren verstreken, de familie bleef samenkomen in
het ouderlijk huis en moeder werd tachtig. Een mijl-
paal, en dat wilde ze groots vieren. Haar huis was
daarvoor te klein, dus werd 't Molentje weer afge-
huurd. Sinds de dood van vader waren we daar niet
meer geweest. Twee jaar later was er weer een mijl-
paal: op haar vierentachtigste verjaardag kreeg ze het
eerste achterkleinkind.

Daarna werd ze snel zieker, al ontving mijn oudste zoon nog een handgeschreven kaartje van haar. Ik zei: 'Bewaar dat maar goed, want dat kan weleens het laatste zijn.' Donald Duck stond erop.

Kort daarop was het tijd om afscheid te nemen. Gezien mijn ervaringen met vader beschouwde ik het als een eerste afscheid. De pastoor kwam langs om haar het heilig oliesel te brengen. Dat gebeurde in de veel te kleine woonkamer tijdens een ceremonie waarbij tevens haar achterkleinkind gedoopt werd. Zoiets had de pastoor nog nooit meegemaakt.

Twee dagen later belde Irma: 'Je moet nu komen.' Het was weer zover. Na mijn werk haalde ik Prisca op en samen reden we richting Silvolde. 'Waar is de McDonald's gebleven?' hoorde ik mezelf zeggen toen we er bijna waren. 'Geen idee,' zei Prisca. Dat fastfoodrestaurant bevond zich onder aan de afslag van de snelweg, en leek opeens verdwenen. Ik bleek verkeerd te zijn gereden. Ruim twintig jaar had ik zonder nadenken altijd de juiste afslag genomen, en nu mijn moeder op sterven lag reed ik verkeerd. Toen we aankwamen leefde ze gelukkig nog. 'Zo, we zijn compleet,' riep ik toen ik binnenkwam en haar zag liggen. 'Kijk, ze lacht,' zei Agnes, die al de hele dag naast haar bed zat. Zij werkte in het ziekenhuis en herkende de kleinste bewegingen van moeder. 'En ze heeft dorst.' Iemand gaf me een nat washandje. Met mijn rechterhand depte ik daarmee haar lippen, en mijn linkerhand legde ik op haar voorhoofd. 'Ze

gaat,' zei Agnes, en daar ging moeder. Vredig, om-
ringd door haar kinderen, en met een kleine glimlach
op haar mond. Mooi, maar ook een beetje zuur voor
de rest van mijn familie. Die zaten al dagen bij haar
bed te wachten en te zorgen, en binnen tien minuten
na mijn komst stopte moeder met ademen. Een
schoonzus zei dat moeder had gewacht totdat iedereen er was. Ik hield het op toeval, ook om de rest,
die veel meer tijd in haar verzorging had gestoken,
niet voor het hoofd te stoten.

Wat daarna gebeurde leek op een herhaling.
Kraai kwam weer langs en taken werden verdeeld.
Het was wonderbaarlijk om te merken dat als een
tweede ouder sterft, veel zaken al enigszins routine-
matig gebeuren. Zo snel kan afscheid nemen blijkbaar wennen. Gemma werd weer verantwoordelijk
voor de kerkdienst, maar onder de nadrukkelijke
voorwaarde dat die niet zo lang zou duren als bij vader. Ook omdat de gemiddelde leeftijd van de gasten
flink gestegen was. Moeders dood vormde voor één
familielid ook goed nieuws: Jonas. Het jongste kleinkind mocht eindelijk naar een begrafenis. En nog wel
van een goede bekende.

In de kerk mocht ik herinneringen ophalen aan
moeder. Thuis zat ik boven mijn laptopje gebogen te
bedenken wat ik zou gaan vertellen. Opeens zag ik
de kaart met Donald Duck hangen die mijn oudste
zoon Pablo recent van zijn oma had ontvangen.

Waarschijnlijk de laatste kaart van haar hand. We hadden hem gezamenlijk ontcijferd: 'Gefeliciteerd. Succes op school, veel plezier op hockey. Oma.' Met deze kaart moet ze haar laatste wandelingetje naar de brievenbus hebben gemaakt. Ik voelde een traan. Die gleed in een steeds hoger tempo over mijn wang naar beneden en viel op de n van mijn toetsenbord. Wat symboliek betreft nogal teleurstellend. Al was die traan maar een toets verder naar rechts gevallen, dan was het al zoveel mooier geweest. Dan was ie op de m van moeder en mammie beland. Deze traan zou snel vergeten zijn. De kaart met Donald Duck leek me een geschikte metafoor om in de kerk het grote hart van moeder mee te illustreren.

Toen belde Irma. Het programma in de kerk zat nogal vol en ze inventariseerde alle bijdragen. Ik vertelde wat ik van plan was. Door de telefoon las ik de handgeschreven tekst op de kaart van Pablo voor en vertelde hoe die ons geraakt had. 'Ik zie het helemaal voor me,' zei ik, 'mammie die nog een keer naar de brievenbus loopt om iemand blij te maken.' De eerste tranen voelde ik alweer opkomen. 'Die brievenbus kan nu wel weg.' Irma was blijkbaar onder de indruk, want het bleef erg lang stil aan de lijn. Terwijl ik nog een grap maakte over het onleesbare handschrift onderbrak ze mij. 'Hugo, bedoel je die met... Donald Duck?' 'Ja, ja.' 'Uhm... tja... die heb ík geschreven.' Al maanden bleek Irma de lieve briefjes en kaarten voor moeder te schrijven. Inclusief het bibberhandschrift. 'Wist je dat niet? Nee, natuurlijk niet. Niemand verwacht toch vervalsingen van zijn moeder of oma? Ik zei: 'Dat wordt een lastig verhaal', en hing op. Wat nu? Ik had nog een nacht om daarover na te denken.

Ondanks alle goede bedoelingen zou de uitvaartmis van moeder nog langer duren dan die van vader. Drie uur, en moeder had dat vast wel kunnen waarderen. De schuld van deze tijdsoverschrijdingen werd collectief bij de pastoor gelegd. Die leek nog steeds onder de indruk van de gecombineerde doop- en afscheidsceremonie. Hij raakte maar niet uitgepraat over dat grote gezin in dat kleine huis op de Berkenlaan. Hij sprak zelfs over een 'schattig huisje'. Dat zorgde voor veel gegniffel. De lange duur van de mis was voor de oudere leden van het dameskoor dat zong een zware beproeving geweest. Enkelen van hen waren in de problemen gekomen met hun schema voor medicijninname en hadden zich achteraf beklaagd bij het kerkbestuur. Dat had zelfs de pastoor op het matje geroepen, en het was nog een hele affaire geworden. Pas nadat Irma met bloemen bij het koor was langs geweest, was alle kou weer uit de lucht. Maar dat was weken later.

Op de dag van de uitvaart waren we ons niet bewust van de nasleep die deze dag nog zou krijgen. Alles was in kannen en kruiken voor een mooi afscheid. Zelf zat ik nog wel met een gewetenskwestie in mijn maag. Nu ik wist dat de Donald Duck-kaart vals was, kon ik moeilijk in de kerk gaan beweren dat moeder tot haar dood zo attent was gebleven. Voor de zekerheid stak ik de kaart toch maar in mijn binnenzak. In harmonie voltrokken zich de laatste voorbereidingen. Totdat de kist met moeder vanuit de lijkwagen in het voorportaal van de kerk werd geplaatst. Irma en ik hielpen Kraai daar een handje bij. Helaas vergat ze de kostbaarheid die uit de zak van haar blazer stak. Dat was het grijze porseleinen kruis dat al zo lang ik me kon herinneren thuis boven de deur van de woonkamer had gehangen. Een breekbaar erfstuk, dat nooit van de muur kwam om te voorkomen dat het zou beschadigen. De laatste vijftig jaar was het slechts eenmaal gebruikt; toen vader overleden was had het kruis in de kerk enkele uren op de gesloten kist gelegen. Het hing daarna weer boven de deur in afwachting van de volgende dode. Dat moment was nu gekomen.

Irma bukte om de kist zo rustig mogelijk neer te zetten en opeens klonk het schelle geluid van aardewerk of glas dat kapotsloeg op de tegels van de kerkvloer. We schrokken, en ik dacht dat er vazen sneuvelden. Kraai viel even uit zijn rol en vloekte zacht. 'Nee, het kruis. Godverpotver, helemaal vergeten,' riep Irma. Het was uit haar zak gegleden. Ik schoot in de lach. Dat juist nu, hier, dat speciaal bewaarde kleinood stuk viel was wel heel erg cru. Irma raapte de grote scherven op en stopte die in haar jaszak. Het gruis veegde ik met mijn schoen onder de kist.

Een kwartier later begint de mis en al snel kondigt de pastoor 'de jongste' aan. Het is mijn beurt. Ik loop met buikpijn naar de microfoon en zeg: 'Dit wordt een lastig verhaal.'

Het is muisstil. Ik haal de kaart van Donald Duck tevoorschijn en begin voor te lezen. '"Gefeliciteerd. Succes op school, veel plezier met hockey. Oma."' Waar was ik aan begonnen? 'Deze kaart ontving mijn zoontje twee weken geleden van zijn oma, mijn moeder. Jullie zus, vriendin of buurvrouw. Waarschijnlijk is het het allerlaatste kaartje dat ze verzonden heeft. Bijna wekelijks kregen we post van haar en wij waren niet de enigen. Ze verblijdde heel veel mensen met attenties. Het zit hier niet voor niets zo vol. Deze kaart is een van onze mooiste herinneringen.' Tot zover ging het wel, al werd mijn mond steeds droger. 'Dat vertelde ik gisteren door de telefoon ook tegen mijn zus Irma. Tevens liet ik haar weten dat ik het vandaag over deze kaart zou hebben. Vreemd genoeg bleef het stil aan haar kant van de lijn.' Kurkdroog was mijn mond inmiddels en ik moest slikken om nog enig geluid te kunnen produceren. 'Na enkele seconden vroeg Irma: "Hugo, bedoel je die met... Donald Duck?" "Ja, ja," antwoordde ik enthousiast. "Uhm... tja... Eerlijk gezegd... heb ik die geschreven," zei Irma. "Mammie kon dat al lang niet meer. Wist je dat niet?" Nu viel ik even stil, en zei daarna: "Dat wordt een lastig verhaal.'"

Dankwoord

Mijn dank gaat uit naar Hugo Blom, Maarten van Bracht en Irene Schipper voor hun beknopte, maar steekhoudende adviezen bij het schrijven van *Fijne familie*.

Daarnaast ben ik de medewerkers van Thomas Rap en met name Marga Deutekom erkentelijk voor het enthousiasme en het vertrouwen dat ze me hebben gegeven.

Dat geldt natuurlijk ook voor Agnes, Peter, Guido, Gemma, Irma, Prisca en Yolanda.

Zonder hen was *Fijne familie* er zeker niet geweest.

Colofon

Fijne familie van Hugo Hoes werd in de zomer van
2012 in opdracht van Uitgeverij Thomas Rap te
Amsterdam gedrukt bij drukkerij Bariet te
Steenwijk. De typografie werd verzorgd door
CeevanWee te Amsterdam.

Het omslag werd ontworpen door B'IJ Barbara.
Omslagfoto Time & Life Pictures / Getty Images
Foto auteur Mikel Buwalda

ISBN 978 94 004 0224 9
NUR 301

www.thomasrap.nl